馬券は語る

僕は君たちに当たり馬券を配りたい

治郎丸敬之 著
競馬道OnLine編集部 編

主婦の友社

はじめに

僕が競馬を始めてから、あっと言う間に30年の歳月が過ぎようとしています。四半世紀以上、文化であり、スポーツであり、知的ゲームでもある競馬と共に過ごしてきました。不思議なもので、競馬のレースを思い出そうとすると、その当時の状況や心象風景も同時に蘇ってきます。「競馬が人生の比喩なのではない。人生が競馬の比喩なのだ」と寺山修司氏が述べたその意味が、少しずつ分かるようになってきました。僕の人生はまさに競馬の中にあるということです。

はじめましての方もいらっしゃると思いますので、簡単に自己紹介をしておくと、僕が競馬を始めたのはオグリキャップが有馬記念でラストランを飾った1990年になります。その年の天皇賞・秋に初めて東京競馬場に足を運び、空の大きさやサラブレッドの美しさ、レースの興奮と競馬ファンの熱狂に心を奪われました。有馬記念は後楽園ウインズで観戦し、オグリキャップが第4コーナーを抜群の手応えで回ってきた瞬間の地響きがするような大歓声に、身体の震えが止まらなかったことを、昨日のことのように覚えています。

学生時代は競馬の研究にいそしみました。競馬の本を読むことに没頭しすぎて、気がつくと授業が終わって大講堂にひとりポツンと残されていたこともありました。大学生活の6年間で、世の中にあるほとんど全ての競馬に関する書物には目を通したのではないでしょうか。競馬学という学問がないことが不思議で、将来は大学で競馬について教えたいという青臭い夢を抱いたりしていました。週末の中央競馬だけではなく、地方競馬にも通い詰め、理論と実践の間を往復し、競馬の厳しさを体感しました。

初恋の馬はヒシアマゾンです。黒鹿毛の美しくて雄大な馬体にほれ込み、ヒシアマゾンが勝ったときには歓喜し、敗れたときには文字通り絶句しました。絶対に勝つと信じていた4歳時の有馬記念でヒシアマゾンがまさかの敗北を喫してしまい、その後、どのようにして中山競馬場から自宅まで帰ったのか記憶がありません。1頭の馬を追いかけ、馬券を買い、喜怒哀楽を共にすることで学ぶことは多くありますよね。

これから僕が語ることは、およそ6年間にわたって週刊「Ｇａｌｌｏｐ」にて連載させてもらっている「超・馬券のヒント」を下地とし、大幅に編集を加えて、ひとつの物語として完成させたものです。かなりのボリュームになってしまったのは、それだけ馬券を通して見た競馬の世界は奥が深く、無限の広がりを持つということです。ガルシア・マルケスの「百年の孤独」のように、たくさんのエピソードや人物が登場し、話があちらこちらに飛び、大きく脱線してまた戻ってきての繰り返しになっているかもしれませんが、物語とはそういうものです。馬券を通して競馬を語りたいと思っていますし、競馬の本質を知ることは馬券にも生きてくるはずです。

ずいぶん偉そうな物言いのサブタイトルで恐縮していますが、まさか勘違いする方はいらっしゃらないと思います。僕が皆さんに当たり馬券を直接配るなんて言うボランティア精神に溢れた話ではなく、この本を読んでもらうことを通して、皆さんに当たり馬券を手にしてもらいたいという願いです。

かくいう僕だって、当たり馬券ばかりを手にしているわけではありません。馬券が当たりすぎて困る日もあれば、外れすぎて泣きそうになる日もあります（笑）。当たり馬券は氷山の一角であり、水面下には数えきれないハズレ馬券が存在し、失敗から生まれた知恵に支えられています。本命にしていた馬があっさりと負けてしまったり、応援していた馬が勝利を目前にしてハナ差で差されてしまったりと、身銭を切って買った馬券が外れてしまったところから多くを学びました。

なぜこの馬は負けてしまったのだろう？　と考え続けた末、ほぼ全ての敗北には理由があることが分かりました。たとえハナ差で負けてしまった馬にも、ハナ差で負けてしまった理由が存在するのです。その理由が分かるかどうか、それこそが馬券を知るということに他ならず、そして競馬の世界に対する造詣の深さや、サラブレッドに対する愛情にもつながってくると僕は思います。

現代の競馬は〝枠順〟のゲームである

さっそく本題に入っていきましょう。

「馬券を買うとき、最も重視する要素は？」

そう聞かれたら、「枠順」と僕は迷わず答えます。馬の体調や仕上がり、調教タイム、馬場、血統、騎手、展開など、挙げればきりがないほどの要素によって競馬は構成されていますが、その中でも枠順ほど勝ち負け、つまりレースの結果を決定的に左右してしまう要素はありません。古今東西、競馬が始まってからいつもそうであったわけではなく、現代の日本競馬に限定すると、何よりも枠順を重視して予想するという結論に至るのです。

たとえば2017年のオークスは典型的なレースでした。2番枠を引いたソウルスターリングがゲートから出たなりで第1コーナーから最終コーナーまで走り、最後の直線に向くと脚を伸ばして着差以上の完勝。2着には1番枠を生かしたモズカッチャンが入りました。この2頭とは対照的に、2番人気に推されたアドマイヤミヤビは大外枠からの発走となり、道中は外々を回され、最後は鋭い脚を使って差して来たが届かず3着に敗れてしまったのです。僕はこのレースを観て、正直につまらないと思ってしまいました。

その原因は、スタートが切られる前から、すでに大きなハンデが生まれていることにあります。2017年のオークスで言えば、内枠を引いた馬と外枠を引いた馬とでは、少なくとも1秒（6馬身）ほどの差があったはずです。ゲートから同時にスタートしているように見えて実は、ソウルスターリングよりもアドマイヤミヤビは1秒遅れ、または6馬身後ろから走り出しているぐらいの大きな不利なのです。ソウルスターリングの方が他馬よりも一枚上の能力を有していたにもかかわらず、6馬身も先からスタートを切れば、スポーツとしてつまらないレースにならないわけがありません。

ソウルスターリングや2017年のオークスにケチをつけるつもりは毛頭ありません。むしろソウルスターリングのような強い馬が内枠のメリットを得て、他馬が外枠の不利に苦しめられるのを横目に、労せず勝利してしまったことが面白みに欠けると僕は言いたいのです。最近で言うと、アーモンドアイが勝った2018年のジャパンカップや2019年の天皇賞・秋、コントレイルが勝利した2020年の日本ダービーもそうでしたね。強い馬がより楽に競馬を進め、それに対抗すべき馬たちが最初から重いハンデを強いられるなんて、まるで富める者がより富む現代の格差社会のようではないでしょうか。せっかく関係者たちが大舞台に向けて一生懸命に馬を仕上げてきたにもかかわらず、枠順が決まった時点で、これだけバイアスが掛かってしまうと興ざめでしょう。

僕が競馬を始めた1990年代と比べ、日本の競馬は少しずつですが大きく変化をしてきました。もちろん良くなったこともたくさんあれば、もっとこうあってもらいたいと感じるようになったこともあります。馬券を通して感じてきたその変化の過程を知ることは、未来の競馬において馬券を買うヒントになるはずです。かなり大ざっぱに問題提起をしてみましたが、なぜ現代の日本競馬が、これほどまでに枠順が結果を大きく左右する、枠順のゲームになってしまったのかを説明させてください。

目次

※2001年より前は、わが国の競馬は馬の年齢表記を「数え年」で数えていましたが、
本書では2001年以前の馬も、現在使用している「満年齢」に統一しました。

1 ポジション

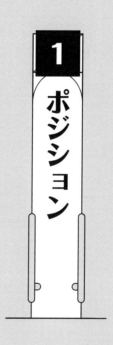

勝つために走るべきポジション、略して勝ちポジ

話は2014年の有馬記念にさかのぼります。この年の有馬記念はドラフト制という形で枠順抽選の公開が行われました。ヤンキースの田中将大投手がジェンティルドンナを最初に引き、ジェンティルドンナ陣営は2枠4番を選択しました。このシステムは画期的であったにもかかわらず、1度きりで終焉を迎えることになったのは、公正競馬を謳う日本中央競馬会にとって不都合な真実が表面化してしまったからではないでしょうか。なんて書くと誤解を招くかもしれませんが、つまり、枠順の重要性を誰よりも関係者は熟知しており、そしてまさにその通りの結果に終わったことで、枠順こそが現代の競馬のレースにおける勝ち負けを決してしまうことを、競馬ファンに広く知らしめてしまったのです。

なぜジェンティルドンナ陣営は2枠4番を選んだかと言うと、勝つための基本ポジションである内の2、3番手を走ることができるからです。勝つために走るポジション、略して勝ちポジの概念を説明するためには、動物学の観点にさかのぼらなければいけません。少し長くなりますが、競馬というスポーツを理解するためには必要なので、ぜひ引用させてください。

ウマ、シカ、アンテロープを問わず、逃走中の有蹄類にとって一番安全な場所は、一団を形

成して逃げている群れの中央部である。捕食者の手に掛かるのは群れの落伍者であるときには、先頭を走る個体がやられることもある。先頭を行く個体があまりにも先行しすぎると、群れに置いてきぼりをくった個体と同じように孤立することになり、群れの行く手で待ち伏せしている捕食者の餌食になりやすいからである。したがって疾駆するウマの心に湧き上がる自然な衝動は、群れと一緒にいようというものであるはずだ。みんなと行けば怖くないというわけである。

　これをレースの状況に合わせれば、典型的な勝ちパターンが得られる。どんなレースのフィルムを見ても、たいていの場合、勝ちウマは最後の直線に差しかかるまでは集団の「中ほど」に位置していることがわかるはずである。それも特に、3、4番手というのが多い。そこが、最後のがんばりで先頭に躍り出るための好位置なのである。ウマもそこが集団内の安全な位置と感じ、騎手がせきたてないかぎり、その位置を保持しようとするだろう。

　ところが最後の直線に差しかかってゴールが近づいてくると、騎手は、必死で逃れようとしている自分の尻に捕食者の鋭い爪がかかったかのような痛みをもたらす鞭をふるって、ウマを追い立てにかかる。この特別な刺激がウマ

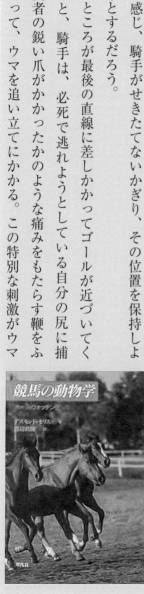

をよりいっそう前へと駆り立て、仲間を追い抜いてレースに勝利させるのである。警戒心をかなぐり捨てて、「先頭」に立つ時点では、群れよりも前に行きすぎては待ち伏せしている捕食者の餌食になりかねないという懸念は、殺し屋が自分のすぐ後ろにいて現に爪をかけているという「確信」によって打ち払われている。背後からの攻撃に対する恐怖心の方が優り、ウマを前へ前へと進ませるのである。

（「競馬の動物学」デズモンド・モリス著）

いかがでしょうか。2014年の有馬記念におけるジェンティルドンナの走りが、脳裏に蘇ってきた方もいるかもしれません。デズモンド・モリス氏がここで述べた3、4番手というのは馬群全体におけるものであり、内と外で分けて考えると、内の2、3番手ということになります。なぜ内かと言うと、コーナーを回るときの距離ロスが外に比べて少ないからです。これが勝つための基本ポジション、略して〝勝ちポジ〟の動物学的な起源です。

勝つための基本ポジション＝内の2、3番手

有馬記念は勝つための基本ポジションの影響を最も受けやすいレースのひとつです。なぜかと言うと、小回りコースにおいて、コーナーを6つも回るからです。内か外のポジションを走ることに

よる距離ロスの差は、コーナーの角度がきつければきついほど、コーナーの数が多ければ多いほど増幅されます。かつてディープインパクトやオルフェーヴルといった怪物たちが引退の花道を派手に飾り、あっと驚く逃げ切りやまくりが決まったこともありますが、有馬記念は基本的にはマツリダゴッホやヴィクトワールピサ、ジェンティルドンナ、ゴールドアクターが走ったような内の2、3番手のポジションでレースができる馬が勝つレースなのです。

競馬における隠れた真実

「競馬は強い馬が勝つわけではなく、勝った馬が強いわけでもなく、勝つためのポジション（勝ちポジ）を走った馬が勝つ」

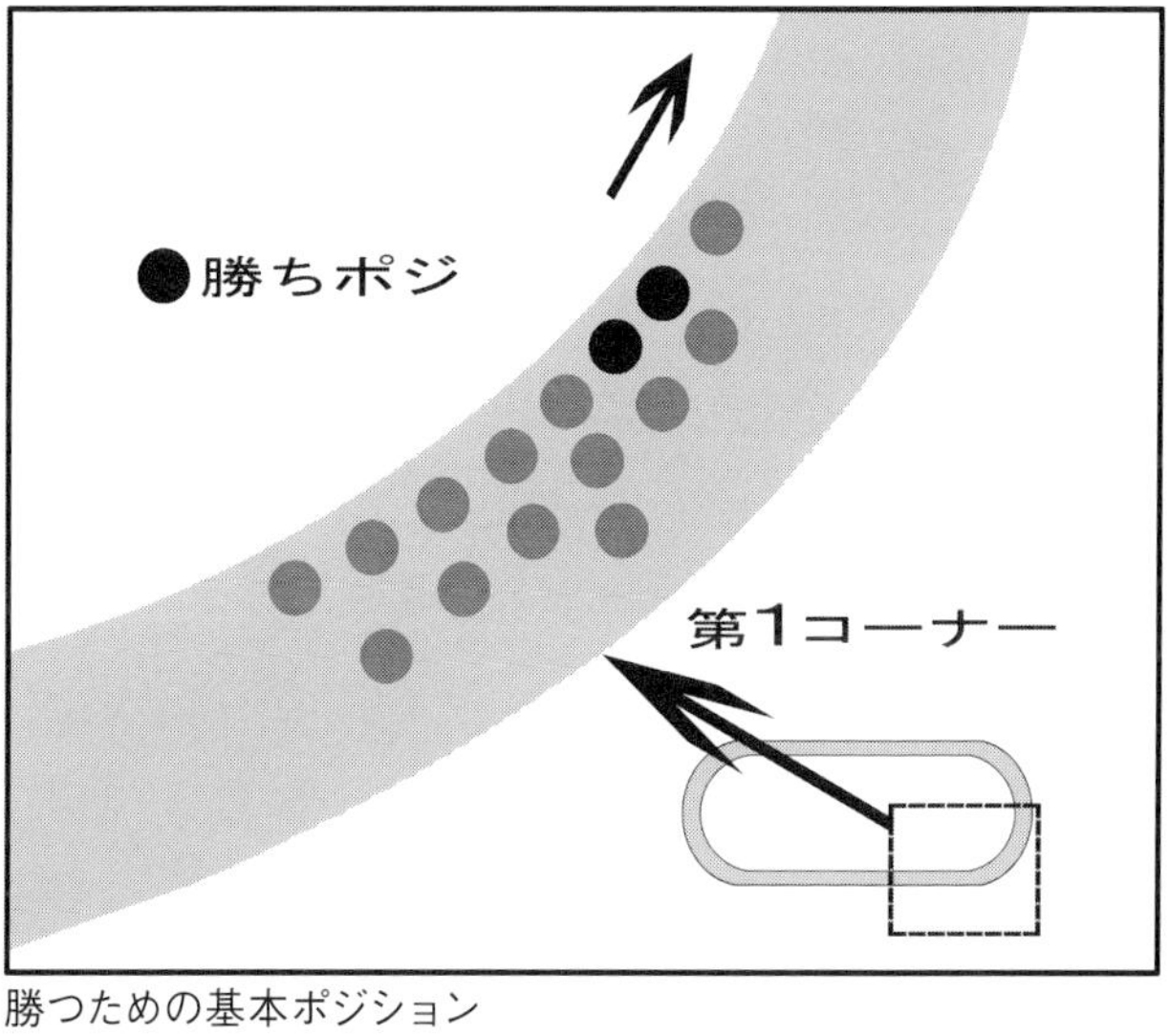

勝つための基本ポジション

ほとんどの人は賛成しないかもしれませんが、これは日本の競馬における大切な真実です。力が抜けている馬であれば、どこのポジションを走ろうとも勝つことができます。後ろから行こうが、大外を回そうが、脚の速さの違いでねじ伏せることができます。しかし、各馬の実力が拮抗する重賞レース、特に頂点に立つ馬を決めるG1レースには、勝つために走るべき明確なポジションがそれぞれに存在し、そこを走った馬が勝つのです。

競馬には勝つために走るべきポジション（勝ちポジ）があることを最初に発明したのは、かつて府中2400mのスペシャリストと呼ばれた嶋田功元騎手でした。日本ダービーやジャパンカップ、オークスなどの大レースが行われる東京競馬場の芝2400mコースにおける勝ち方を、レースを観たり、実際のレースで試したりして、とことん研究しました。その結果、1972年から1974年にかけて、タケフブキ、ナスノチグサ、トウコウエルザでオークスを3連覇するという偉業を成し遂げたのです。その3つのレースは、ほとんど同じようなポジションを走っての勝利でした。しかも、ナスノチグサの1973年には、翌週の日本ダー

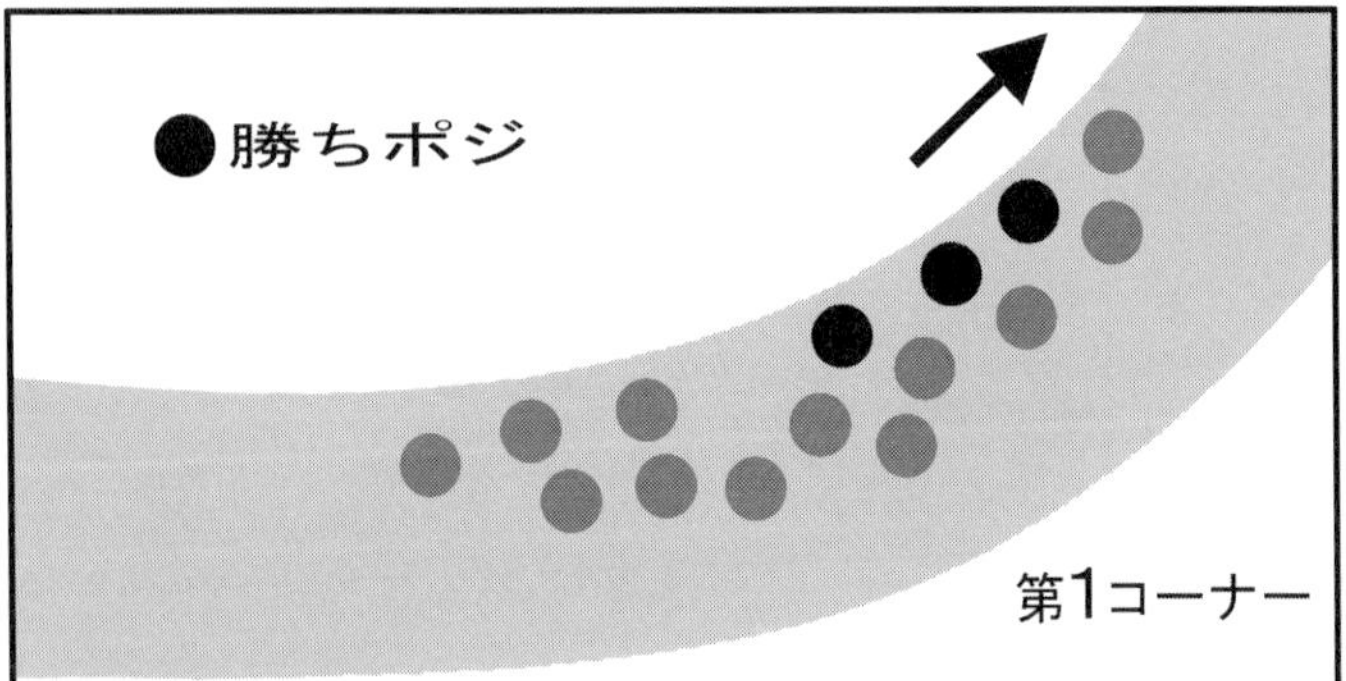

府中芝 2400m の勝ちポジ

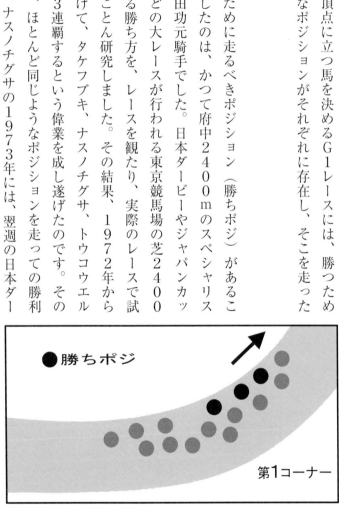

ビーまでタケホープで制してみせたのです。そう、あのハイセイコーが敗れた日本ダービーでもあります。

東京芝２４００ｍの具体的な勝ちポジとは、スタートしてから第１、２コーナーは内ラチ沿いピッタリを距離ロスのないように回り、向こう正面で先行集団との差を詰めておく。第３～４コーナーは少しずつ外に出しながら回り、最後の直線では馬場の良い内から３～４頭目のところに持ち出して追い出すというものです。

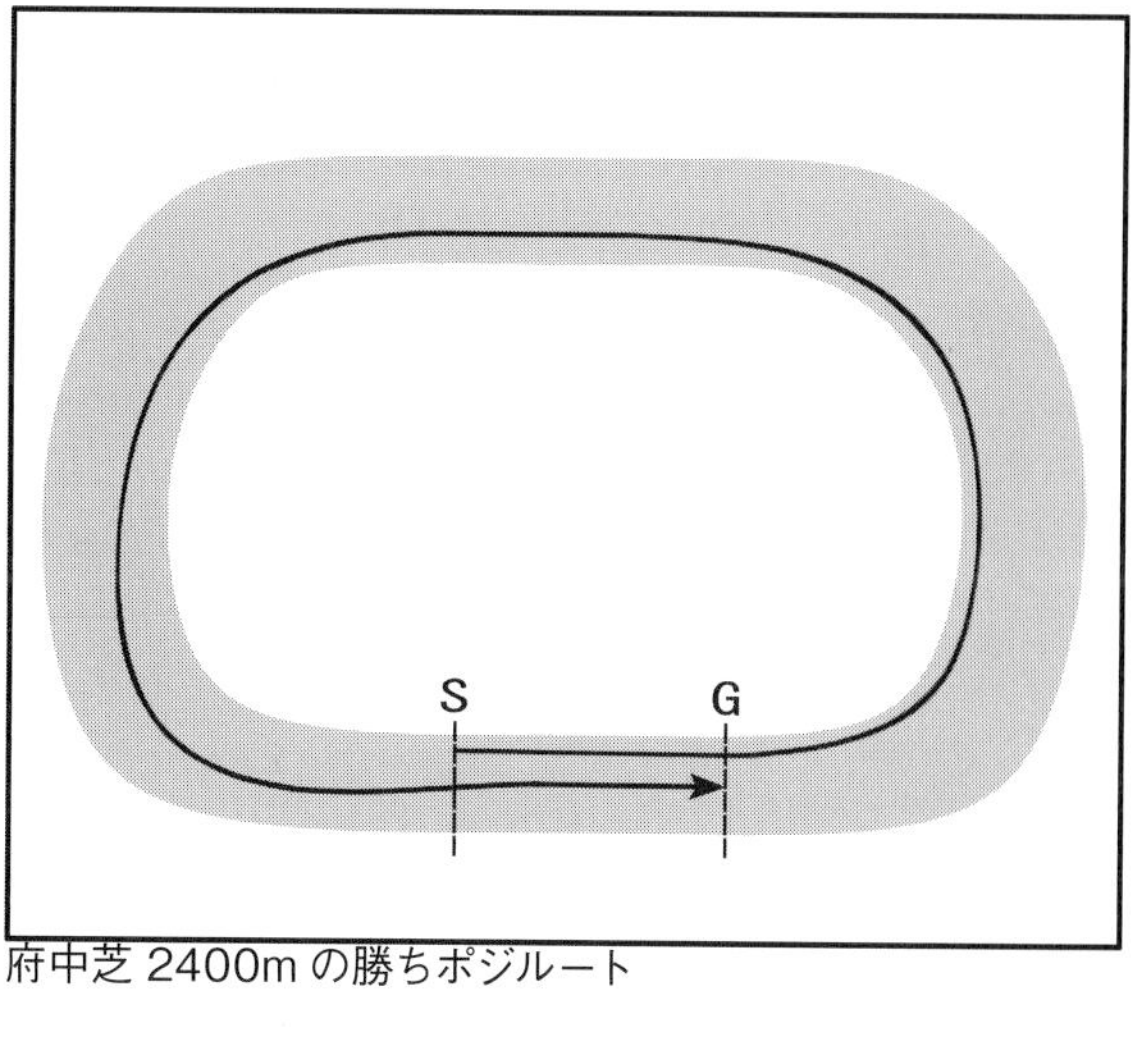

府中芝 2400m の勝ちポジルート

２００５年のジャパンカップにて、嶋田功元騎手が発明した府中芝２４００ｍの勝ちポジをそっくりそのままトレースするように、ランフランコ・デットーリ騎手はアルカセットを導いて勝利しました。日本の競馬を研究して府中芝２４００ｍの勝ちポジを知っていたのか、それともジョッキーとしての天性の勘なのか分かりませんが、スタート直後に14番枠から内ラチ沿いに切れ込み、明確な意志を持って勝ちポジを走らせ、アルカセットを勝たせたのだから驚きでした。それ以来、府中芝２４００

mの勝ちポジのことを「デットーリポジション」と僕は呼ぶことにしています。

近年の日本ダービーにおいては、勝ちポジを走った馬が勝つという傾向に拍車が掛かっています。過去10年の日本ダービー馬が走ったポジションを見ると、ディープインパクトやオルフェーヴルといった圧倒的な能力を誇る3冠馬を除いたほとんど全ての馬たちが、前述の府中芝2400mを勝つために走るべきポジションを走っていることが分かります。ワンアンドオンリーの走りを思い浮かべる方もいるでしょうし、メイショウサムソンが2冠に輝いたレース振りを思い出した人もいるでしょう。ロジャーバローズもコントレイルもそうです。

2005年11月27日（日）5回東京8日　天候：晴　馬場状態：良

10 R　第25回ジャパンカップ

3歳以上・オープン・G1（定量）（国際）（指定）芝 2400m　18 頭立

着	枠	馬	馬名	性齢	騎手	斤量	タイム(着差)	人気	厩舎
1	7	14	アルカセット	牡 5	デットーリ	57	2.22.1	3	[外]クマーニ
2	8	16	ハーツクライ	牡 4	ルメール	57	ハナ	2	(栗)橋口弘次
3	4	8	ゼンノロブロイ	牡 5	デザーモ	57	1 3/4	1	(美)藤沢和雄
4	3	5	リンカーン	牡 5	武豊	57	ハナ	9	(栗)音無秀孝
5	3	6	ウィジャボード	牝 4	ファロン	55	クビ	5	[外]ダンロッ

単勝	14	¥1060				
複勝	14	¥260	/ 16	¥180	/ 8	¥110
枠連	7-8	¥2020				
馬連	14-16	¥3310				
ワイド	14-16	¥1130	/ 08-14	¥450	/ 08-16	¥310
馬単	14-16	¥6330				
3連複	08-14-16	¥1850				
3連単	14-16-08	¥15450				

勝ちポジを走る馬は、まるで1頭だけ無重力状態にいるかのように、ロスも負荷もなく道中を回ってくることができるのです。

ほとんどの日本ダービー馬たちの枠順が1枠か2枠なのも偶然ではありません。スタートしてから第1、2コーナーは内ラチ沿いピッタリを距離ロスのないように回るためには、内枠を引き当てることがほぼ必須条件になるからです。勝ちポジを目指して、スタートしてから第1コーナーまでのポジション争いが激化する中、真ん中から外の枠順を引いた馬が内ラチ沿いに潜り込むことは極めて難しいのです。日本ダービーは運の良い馬が勝つと言われてきましたが、現代においては、内の枠順を引くことが運の良さを意味します。おそらく来年の日本ダービーも、その翌年の日本ダービーもその先も、内目の枠順を引いて、府中芝２４００ｍの勝ちポジを走った馬が勝つはずです。

日本競馬のスローペース化

基本的なことから話しますと、競馬のレースがトラック状のコースで行われる以上、内と外のどちらと問われれば、内枠を引いた馬が有利になります。外を回れば、距離ロスがあり、さらに遠心力によって馬に負荷が掛かる。無理をせずに経済コースを走られる内枠が圧倒的に有利なことは、コーナーを回る競走の原理原則です。東京競馬場だろうが、シャティン競馬場だろうが、浦和競馬場だろうが、たとえ子どもの運動会だろうが、この原理原則は変わりません。

ミスター競馬と呼ばれた野平祐二氏は著書「競馬の極意」にて、外を回されることの負荷について、こう記されています。

「例えば外に振り回された場合、内からの圧力を大きく受ける。乗っている人間にしか分からない感覚だが、遠心力の原理と同じで、2頭めよりは3頭め、3頭めよりは4頭めと圧力が大きくかかってくる。それも単純に数に比例するのではなく、2倍、4倍と圧力がかかる。馬にとってはたまらないほどのスタミナの消費だ」

現代の日本競馬は枠順のゲームである、と僕が語るのは、もちろんそういう意味だけではありません。一歩踏み込んで論考を進めると、現代の日本競馬において、内枠を引いた馬が圧倒的に有利になる理由のひとつは、レースのスローペース化にあります。瞬発力勝負に滅法強いサンデーサイレンスの血を引く馬たちの台頭や、ヨーロッパ競馬からやってきた一流ジョッキーたちが日本の競馬場で頻繁に乗るようになったことなど、様々な要因が重なり、スローペース化には年々拍車が掛

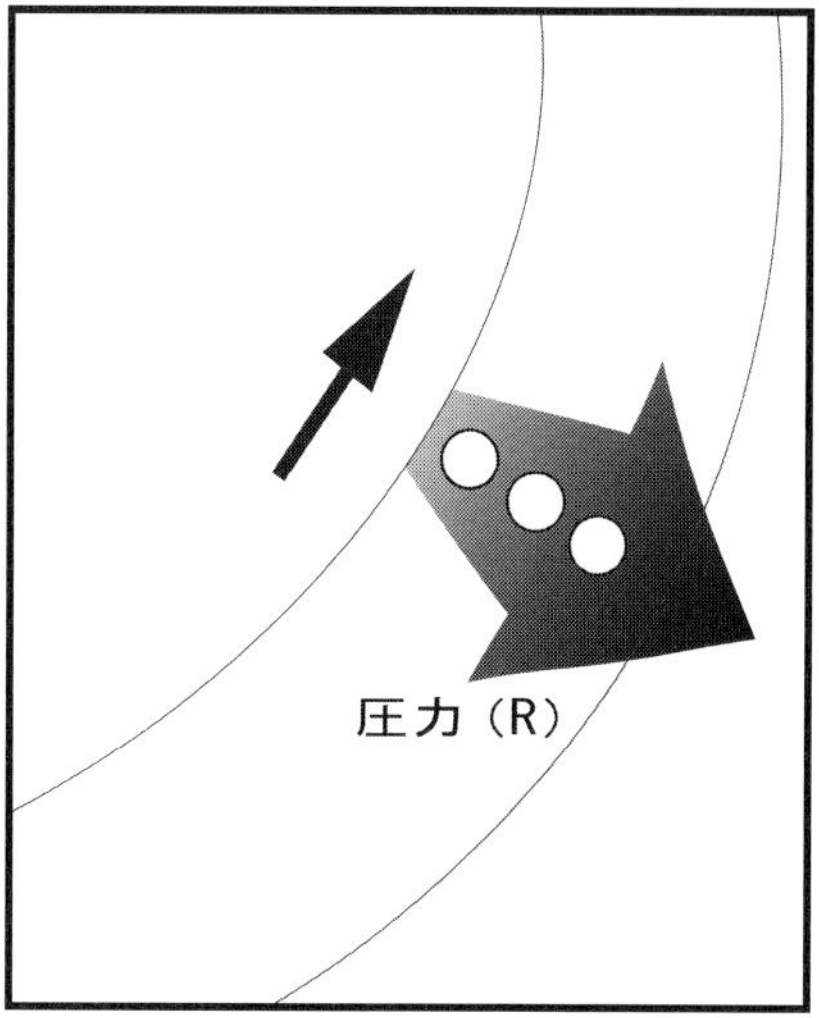

コーナーでは外を回る馬の方が圧力(R)がかかる

かっているのです。

たとえば、その世代の頂点を決める日本ダービーにおけるペースを見てみましょう。僕が競馬を始めた１９９０年から２０００年、２０１０年、２０１７年、そして２０２０年の全体時計を単純に前半と後半の１２００ｍで等分してみると以下のようになります。

年代によって馬場状態などは大きく異なるため、全体時計の速い遅いは置いておき、前後半の落差を比べてみましょう。１９９０年の日本ダービーは後半よりも前半の方が速いミドルペース、２０００年は前後半で３秒近い落差がある超ハイペースと、このあたりまでの日本ダービーは平均～ハイペースに流れることが多かったのです。一生に一度の大舞台で脚を余して負ける

前半１２００ｍ	後半１２００ｍ	勝ち馬
１９９０年	７２秒２—７３秒１	アイネスフウジン
２０００年	７１秒７—７４秒５	アグネスフライト
２０１０年	７５秒１—７１秒８	エイシンフラッシュ
２０１７年	７５秒７—７１秒２	レイデオロ
２０２０年	７３秒５—７０秒６	コントレイル

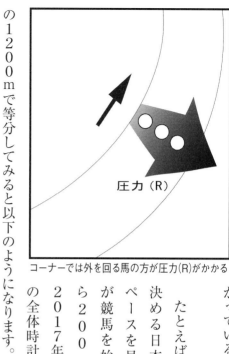

のは恥という感覚も騎手心理としてあったように思います。

そこから20年の歳月を経て、いつの間にか、しかし確実に、スローペース化の波が押し寄せてきました。日本ダービーだけの話ではありません。中央競馬で行われるありとあらゆるレースが総体的にスローペースに陥ることになったのです。スタートしてから道中はスローに流れ、ラスト3ハロンの瞬発力勝負で決着がつくようなレースが大半を占めるようになりました。いわゆるスローペース症候群と言われる現象です。

スローペースでは、馬群の外々を回された馬に距離ロスが生じて不利になってしまいます。ペースが遅くなると、どの馬も少しでも前に行きたいと思い、こぞって先行するため、馬群は団子状態に密集しやすくなります。先頭の馬から後方の馬まで馬群が縦に長く伸びるのではなく、先頭から後方までの距離がぎゅっと詰まって、馬群は横にふくらむのです。そうすると、馬群の外を回らされた馬は内を走る馬に比べて、コーナーを回れば回るほど、かなり余計な距離を走らされることになります。これがスローペースにおける、内枠有利・外枠不利

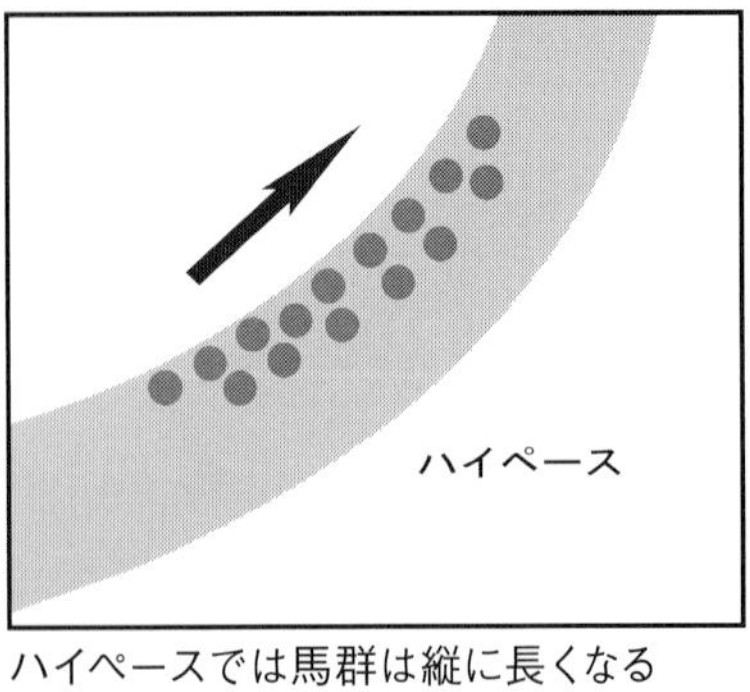

ハイペースでは馬群は縦に長くなる

の基本的なカラクリです。

誤解を招かないように断っておきますと、スローペース自体が悪いわけでも、つまらないわけでもありません。確かにペースが速ければ、スタミナが問われ、本当に力のある馬しか勝てない激しいレースになります。一方でスローペースは、馬には我慢する精神力が要求され、ジョッキーには馬を御す技術が求められます。スローペースばかりだと面白くありませんが、ハイペースばかりでも単調すぎるのです。

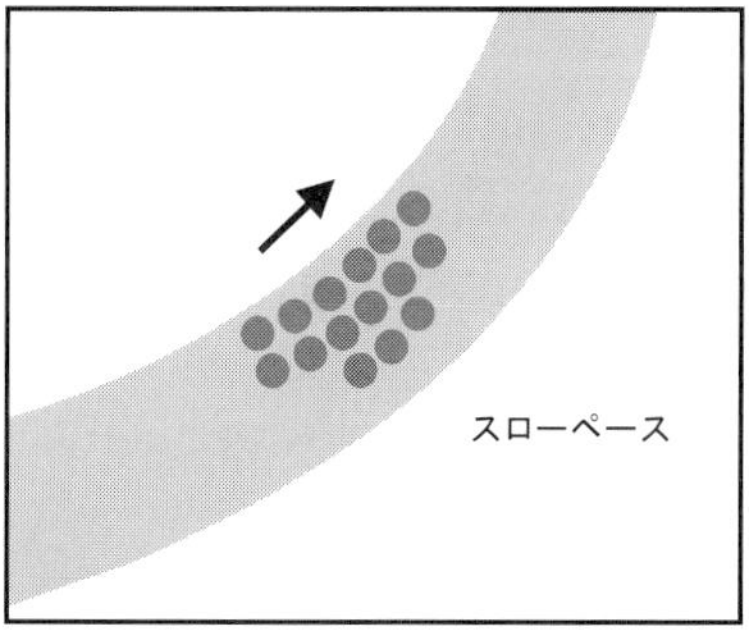

スローペースでは馬群は横にふくらむ

僕が言いたいことは、スローペースになることで馬群が固まり、内と外を走ることの間に大きな違いが生まれ、内のポジションを走らないと勝てないレースになってしまうと、スポーツとしてはつまらない競馬になるということです。

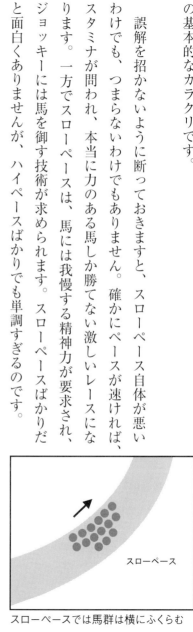

超高速馬場化の弊害

もうひとつ、現代の日本競馬が枠順のゲームになってしまう大きな理由のひとつとして、超がつくほどの高速馬場化が挙げられます。高速馬場の話題になると、得てして水掛け論になってしまうので、できる限り口をつぐむようにしていますが、さすがに自分が好きだった日本ダービーや天皇賞・秋、ジャパンカップというレースが単調な競馬になってしまっているのを見過ごせず、ついこうして口に出してしまいます。

馬場が極度に高速化する（整備される）ことで問題になるのは、馬の故障率や馬場の硬さではなく、内外の公平性です。内枠を引いて馬場の良い内ラチ沿いを先行した馬に、外枠を引いて馬群の外を回された馬が後ろから追いつき、追い越すのは至難の業なのです。走りやすい馬場自体に全く問題ありませんが、そのことが内外の不公平を増長してしまうならば、スポーツとしての競馬にとっては望ましくないと僕は考えます。

走りやすい馬場を追求することをどこかで止めなければならないと思います。確かに東京競馬場は日本の競馬の玄関口であり、そこで開催される大レースを絶好の馬場状態で行いたい気持ちは良く分かります。見た目にも美しく、かつ安全で走りやすく、おまけにレコードタイムまで出てしまう、一見誰も文句をつけようのない馬場です。最高の馬場を維持し、さらに改良する技術は、馬場造園課のたゆまぬ努力の賜物です。それでもどこかで立ち止まって、走りやすい馬場と公平な馬場のバランスを取ることにシフトしていかなければならないのではないでしょうか。

走りやすい馬場の追求は、複雑な機能が追加されていった現在のテレビやビデオのリモコンとどこか似ています。技術や知識が高度化し、改善・改良を加えれば加えるほど、利用者にとっては使いにくい代物になってゆく。そろそろ、僕たち日本人の得意な足し算をやめて、引き算をすることでシンプルさを求めるべきです。個人的には、わざと走りにくい馬場にするぐらいでちょうど良いのではないかと考えています。走りにくい馬場の定義は難しいのですが、手先だけでは走れない馬場ということです。

そのことによって勝ち馬の多様性が増し、できる限りフェアなレースが行われることで、スポーツとしてだけではなく馬券的にも面白さが広がるはずです。日本の競走馬のさらなるレベルアップにも貢献するのではないかという思いもあります。走りやすい馬場で走るのは簡単で、それでスポイルされてしまう馬もいるのではないでしょうか。走りにくい馬場で走ることによって馬は鍛えられ、本当に強い馬が真のチャンピオンになるのです。

走るポジションは枠順によってほぼ規定される

現代の日本競馬はスローペース化と超高速馬場化に拍車が掛かり、馬群の内で脚を溜められた馬は直線で伸び、馬群の外々を回らされた馬は脚を失って止まってしまうレースばかりが目に付くようになったと話しました。そして、馬群の内側を走ることで圧倒的に有利になる馬、または外を回らざるを得ずに勝ち目がほとんどない馬が、枠順が決まった時点で分かるようになってしまったのです。なぜならば、レース中に各馬が走るポジションは、枠順によってほぼ規定されてしまうからです。

過去30年の日本ダービー馬の枠番について一望してみましょう。

1990年	アイネスフウジン	12番
1991年	トウカイテイオー	20番
1992年	ミホノブルボン	15番
1993年	ウイニングチケット	10番
1994年	ナリタブライアン	17番
1995年	タヤスツヨシ	14番
1996年	フサイチコンコルド	13番
1997年	サニーブライアン	18番

2006年	メイショウサムソン	2番
2007年	ウオッカ	3番
2008年	ディープスカイ	1番
2009年	ロジユニヴァース	1番
2010年	エイシンフラッシュ	1番
2011年	オルフェーヴル	5番
2012年	ディープブリランテ	10番
2013年	キズナ	1番

１９９８年	スペシャルウィーク	5番
１９９９年	アドマイヤベガ	2番
２０００年	アグネスフライト	4番
２００１年	ジャングルポケット	18番
２００２年	タニノギムレット	3番
２００３年	ネオユニヴァース	13番
２００４年	キングカメハメハ	12番
２００５年	ディープインパクト	5番

２０１４年	ワンアンドオンリー	2番
２０１５年	ドゥラメンテ	14番
２０１６年	マカヒキ	3番
２０１７年	レイデオロ	12番
２０１８年	ワグネリアン	17番
２０１９年	ロジャーバローズ	1番
２０２０年	コントレイル	5番

ディープインパクトが勝った２００５年前後を境にして、上と下で勝ち馬の枠番の傾向が明らかに変わってきているのが分かりますね。１９９０年から２００４年までは外枠の2桁枠番が多く、それ以降は内枠の小さい数の枠番に集中しています。２００５年より以前は外枠が有利だったというよりも、どの枠番からでも勝負になったということでしょう。２００５年以降は、内枠を引くことが日本ダービー馬の条件になっているようにさえ映ります。これぞまさにスローペース化と超高速馬場化がもたらした偏りです。

現代の日本競馬が枠順のゲームであるのは、再三にわたって話してきたように、勝つためのポジションを走ることが極めて重要だからです。走るポジションは枠順によってほぼ規定されてしまう以上、枠順によって勝ち負けが決まってしまうのは当然です。内枠を引いた馬は内を走りやすく、外枠を引いた馬は外を回らされることが多い。たとえスポーツとしてはフェアではなく、つまらないとしても、僕たちが馬券を買う以上、馬群の内のポジションを走った馬が勝つレースにおいて、内枠を引いた馬を狙わない理由はありませんね。もちろんその逆も然りです。

勝ちポジが外に移動するケース

勝ちポジの基本ポジションは内の2、3番手と話しましたが、どの競馬場のどのレースも全てそうであるはずはなく、外枠を引いた方が楽にレースを進められるコースやレースもあります。勝ちポジはコース設定や馬場、レースの性格によって、前や後、内から外へと揺れ動くのです。

それは俗に言う展開とは少し違った考え方で、分かりやすく説明すると、展開が前か後ろかという線的な位置取りを示した概念だとすれば、勝ちポジは前後左右（内外）という平面的なそれを扱っています。だからこそ、逃げ馬が有利とか、差し馬向きといった大まかな目安ではなく、もう少し繊細なポジションが指標として浮かび上がってくるのです。

基本ポジションである内の2、3番手から勝ちポジが外に移動するケースとしては、「ペースが速くなるレース」と「馬場の内側が極端に荒れているコース」、「キャリアの浅い馬たちによって行われるレース」の主に3つが挙げられます。

ペースが速くなるレースでは、馬群が縦長になるため、馬群の外を回らされる距離ロスが少ないことに加え、前を走っている馬がバテて下がってくることが多く、馬群の内にいるよりも外の方がスムーズに走ることができる可能性が高いからです。たとえば、ワンターンの短距離戦などは、わずかなロスが致命傷になりますので、勝ちポジが外になるケースが多いです。たとえば、スプリンターズステークスは勝ちポジが外の2、3番手です。2、3番手としたのは、最後の直線が短く、前に行った馬たちも簡単には止まらないため、あまり後ろから行きすぎても届かないからです。

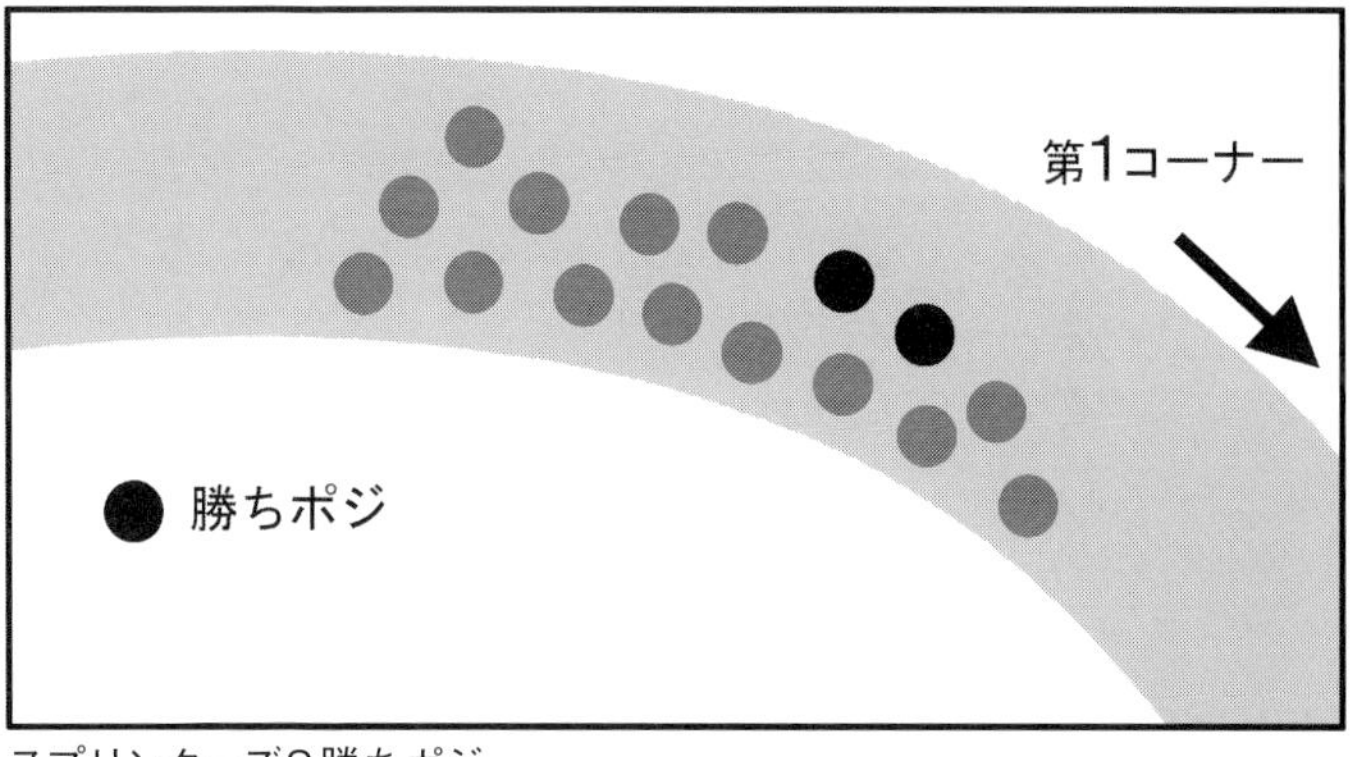

スプリンターズS勝ちポジ

次に、馬場の内側が荒れているコースとは、内ラチ沿いを走ることによって距離ロスを避けるメリットよりも、極端に馬場の悪いところを走らされるデメリットの方が多いレースを意味します。よほど極端に内の馬場が傷んでいない限りは、基本的には内有利なのですが、馬場の傷み具合によっては勝ちポジも外に移動させるべきということです。たとえば、開催が進んで馬場の内側がかなり傷んでいる場合は、勝ちポジは外になることがあります。馬場の傷みによるトラックバイアスについては、後ほど詳しく説明しますね。

デビューしてから数戦、つまりキャリアの浅い馬（特に繊細な牝馬）たちのレースにおける勝ちポジも例外的に外になると覚えておいてください。馬群の中で競馬をすることに慣れていない馬が多いため、普通は内が勝ちポジであるコースにおいても、馬群の外を走る馬の方が力を出し切れる可能性が高く、外目の枠順を

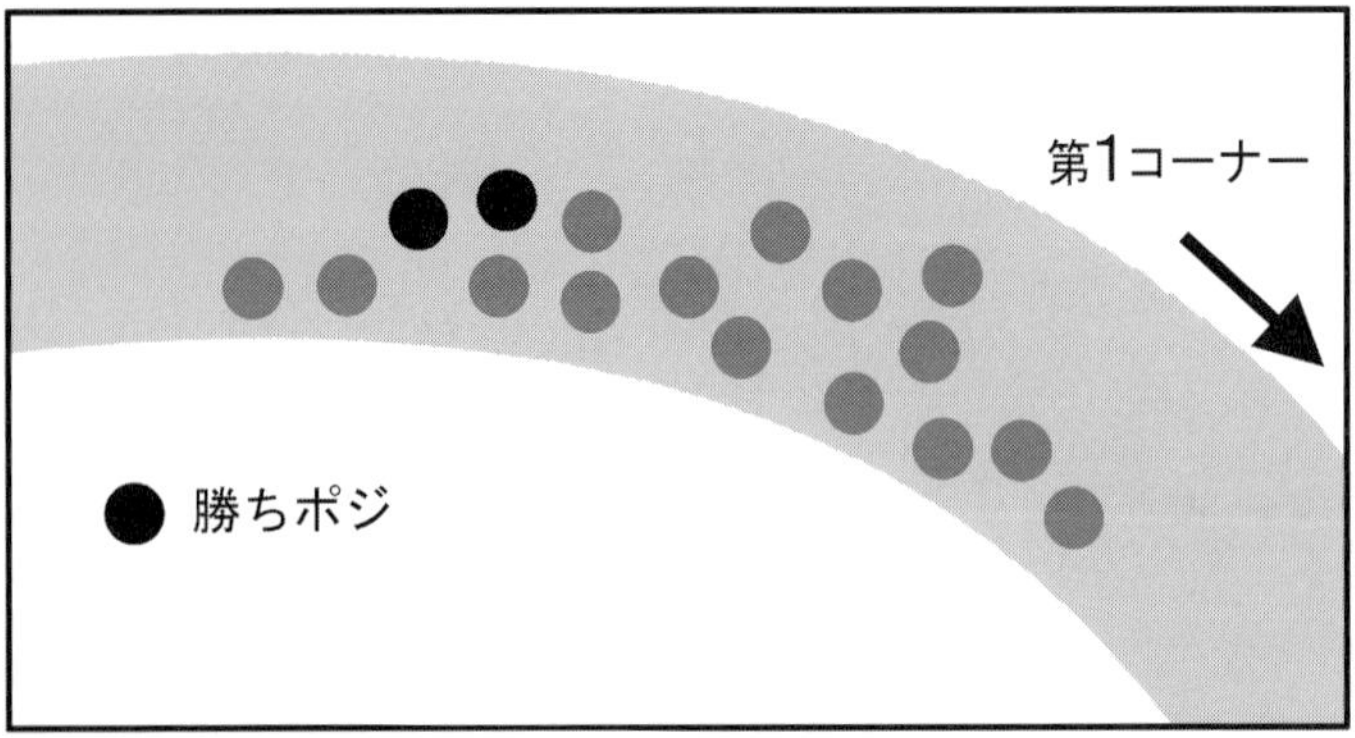

阪神ジュベナイルF勝ちポジ

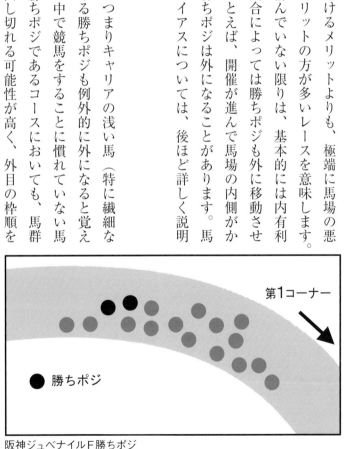

引くと、有利にレースが運べるということですね。たとえば、函館2歳Sや小倉2歳S、新潟2歳Sといった2歳の重賞レースから阪神ジュベナイルフィリーズ、そして桜花賞ぐらいまで、キャリアの浅い馬たちが競うレースは、例外的に外が勝ちポジになることが多いのです。

また、コース形態によって勝ちポジが外になるケースもあります。たとえば、東京競馬場のダート1600m戦は勝ちポジが外になるレースのひとつです。このレースの勝ちポジは外の3、4番手。なぜ内ではなく外になるのかを解説していくことで、勝ちポジの考え方を理解いただけるかもしれません。

東京競馬場のダート1600mコースは、スタート直後に80mほど芝コースを走ります。ポケット地点からの発走となるため、外枠からスタートした馬たちの方が、内からスタートした馬たちよりも少しだけ長く芝部分を走ることができ、その分スピードにも乗りやすいのです。そして何よりも、スピードに乗った馬たちが外から被せてくるようにして第1コーナーに突入し、そのままコーナーを回りながら直線に向くため、内に入った馬

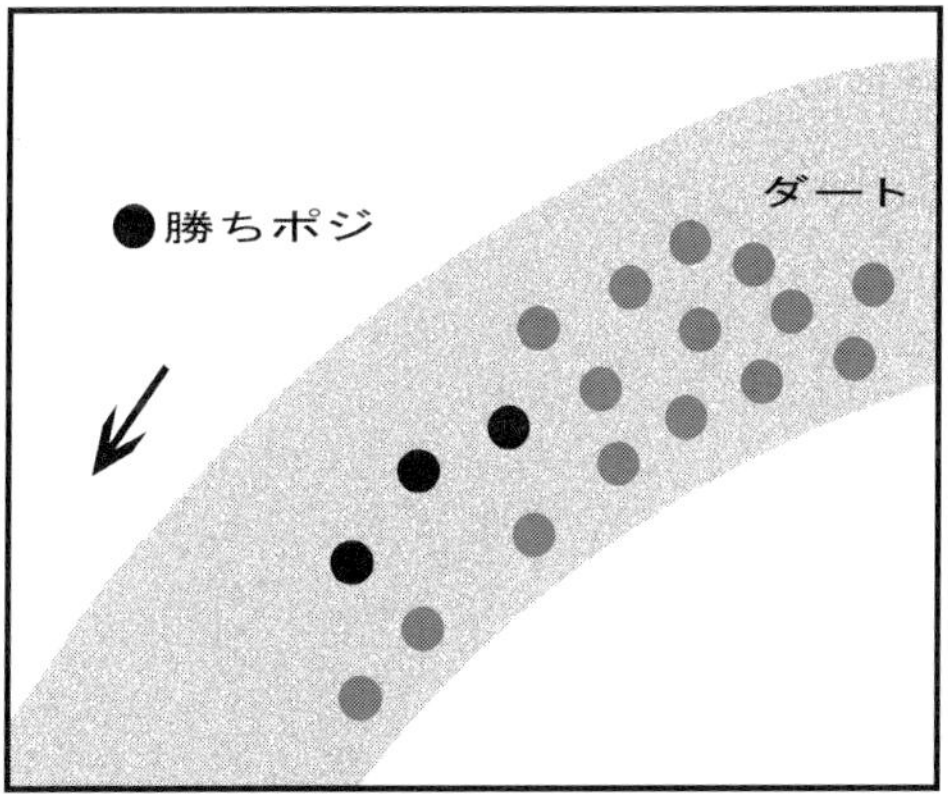

東京ダート1600 m戦は勝ちポジが外になる

は外から寄られるような形になり非常に乗りづらい。もう少し前にポジションしたいと思っても、前が詰まったり、窮屈になることで、馬を下げざるを得ないことも起こります。

さらに標準的な馬場状態であれば、オープンクラスだとマイルで1分35秒台での決着となります。ダート戦とはいえ芝のレースでも通用するようなスピードがないと勝負にならず、さらにＧ１レースともなると、前に行った馬たちも簡単には止まってくれません。後ろから行った馬は差しても届かない。もちろん、スピードに任せて先行するだけではなく、府中の長い直線を我慢できるだけのスタミナも必要です。

東京ダート１６００ｍ戦の勝ちポジを象徴するレースとしては、２００９年のフェブラリーステークスを挙げたいですね。前年の覇者ヴァーミリアンや前年のジャパンカップダートを勝ったカネヒキリが人気に推されていましたが、激しい先行争いの中から最後に抜け出したのは、外枠から発走して馬群の外3、4番手を走ったサクセスブロッケンでした。ヴァーミリアンは外枠から発走した前年のように流れに乗れず、内枠を引いてしまったカネヒキリは窮屈なレースを強いられ、勝負所でポジションを上げることができなかったことが致命傷となりました。サクセスブロッケンの力が抜けていたから勝ったわけではなく、勝つためのポジションを走られたことが勝因となったのです。つまり、東京ダート1600m戦、特にフェブラリーSにおいては、外枠から発走し、外の3、4番手のポジションを走ることができる馬が圧倒的に有利になるのです。

ダート競馬は芝のレースよりも勝ちポジが限定される

僕が勝ちポジという概念を発見したのはダート戦でした。2008年の平安ステークスにて、角田晃一元騎手が騎乗した6番人気のクワイエットデイが、まるでそこに一本のライン（道）があるかのように、スタートからゴールまで駆け抜けた姿を見て、競馬には勝つためのポジションがあることを確信したのです。それ以来、京都ダート1800m戦において、何度も勝ちポジを走って勝つ馬を見続けてきました。人気馬であれ、人気薄の大穴であれ、勝つ馬はほとんどいつもと言ってよいほどに勝ちポジを走っているのです。勝った馬がそのポジションを走っているのではなく、そのポジションを走ったからこそ勝ったのです。

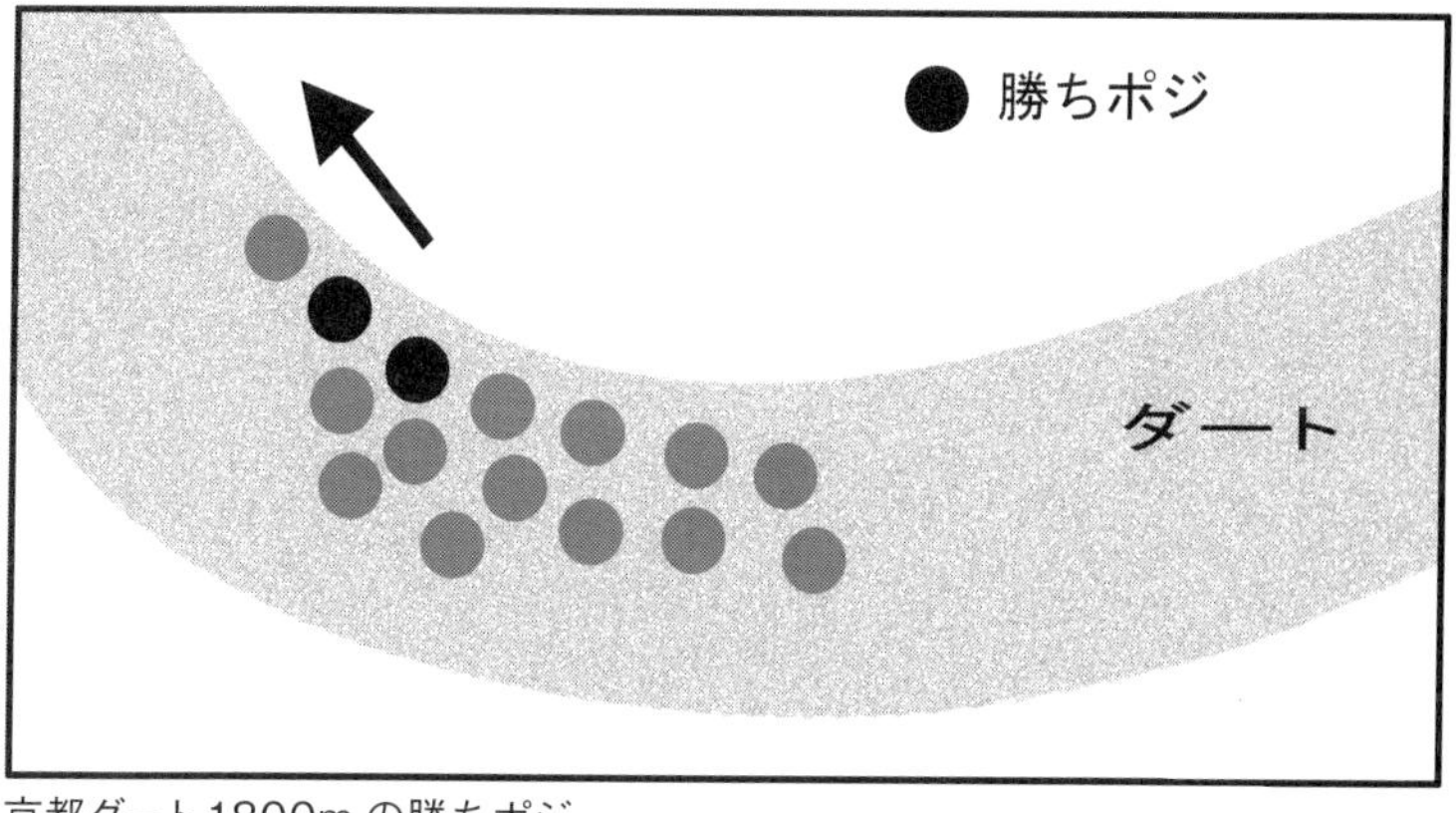

京都ダート1800mの勝ちポジ

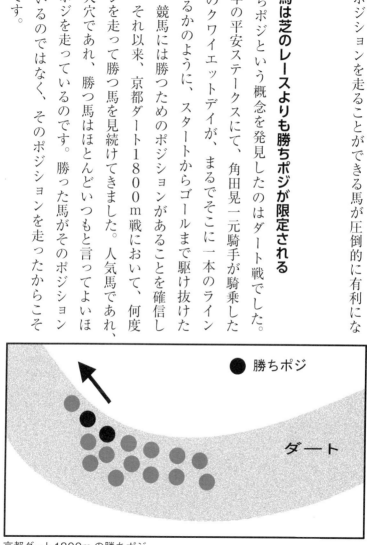

笠松競馬場から中央競馬に移籍した安藤勝己元騎手は、中央競馬の特に芝のレースのバリエーションの豊富さについて語っていました。地方競馬に所属していた時代は、ほとんどのレースにおいて勝ちポジが基本ポジション（内の2、3番手）であり、馬の競走能力の高低や騎手同士の駆け引き以上に、どうやってそのポジションを目掛けて馬を走らせるかに集中しなければならなかった（するだけで良かった）そうです。そういう競馬を何十年も続けていると、さすがに飽きてしまいます。対する中央競馬のレースでは、コース設定や道中の展開が多様であり、レースごとに勝ちポジが異なってきます。道中には騎手同士の駆け引きがあり、乗り方次第では騎乗馬の未知の能力を引き出したりすることもできます。安藤勝己元騎手にとって中央競馬のレースが魅力的に映ったのもうなずけますね。

それでは、なぜダートの方が芝のレースに比べて勝ちポジが限定されているのでしょうか。主な理由は2つあって、ひとつ目はダート競馬が行われるコースが小回りかつ幅員（幅）が狭いからです。中央競馬の芝レースのように、コースの幅が広くて、比較的ゆったりとコーナーを回ることができるのであれば、多少なりとも外を回してしまったとしてもロスは最小限に抑えることができます。しかし、地方競馬のようにコースの幅が狭く、カーブのきついコーナーを何度も回るレースでは、ひとつひとつのコーナリングでのロスが馬に掛ける負担は想像以上に大きいのです。中央競馬のダートコースも芝コースよりも内側に作られているため、小さく回るという点で状況は同じです。

２つ目は、ダートではサラブレッドの使える脚に限界があるからです。ダートのレースで上がり32秒の末脚を使って差し切ったという話など聞いたことがなく、馬場状態によって多少の違いこそあれ、芝のレースほどに鮮やかな脚を使っての逆転劇はありません。つまり、最後のコーナーを回って直線に向くときには、ある程度の位置にいないと勝負にならない（勝てない）レースが多いのです。だからこそ、道中をどこのポジションで走るべきかがより重要で限定的になるのです。

ダート初戦の馬やダートの不良馬場はキックバックを受けないポジション

ダート競馬における砂のキックバック（蹴り返し）は、競走馬の肉体面だけではなく精神面にも大きく影響を与えます。芝のレースであれば、たまに前の馬によって掘られた芝と土がまとまって飛んでくる程度です（２０２０年の安田記念で池添謙一騎手のゴーグルが突き破られたのには驚きました）が、ダートのレースになるとそうはいきません。蹴り上げられた砂が常に前からぶつかってきます。実はかなり痛く、それを我慢しなければならないのです。砂を被るのを嫌がったり、首を上げて避けようとする素振りを見せるような馬では到底勝ち目はありません。ダートと芝の競馬における大きな違いはここにあり、ダート競馬を走る馬は、激しいキックバックに耐えることができなければならないのです。

どういう気性の馬がダート競馬に向いているのかと言うと、砂を被ってもひるまない、向こうっ気の強い馬です。元々、砂が顔に当たってもビクともしない気性の馬もいるし、また初戦は戸惑ったり嫌がったりしたとしても、2戦目からは慣れてきて、我慢が利くようになる馬もいます。そういった意味では、ダート競馬を走った経験が重要であることが分かりますね。たとえダート競馬向きの体型や走り方をする馬であっても、初戦は砂を被ることを嫌がって、思わぬ大敗を喫してしまうことだってあるのです。 勝ちポジが内の2、3番手のレースが、ダート初戦の馬にとって厳しい戦いになるのは当然です。

芝コースで圧倒的な実績を残している馬がダート初戦であっさりと敗れてしまうのは、キックバックにも大きな原因があります。2010年のフェブラリーSには、ダービー2着馬のリーチザクラウンや高松宮記念とスプリンターズSという両スプリントG1を制したローレルゲレイロ、そして、前走の東京新聞杯を快勝してきたレッドスパーダなど、芝の実績馬たちが勢揃いしました。どの馬もダートでの経験は全くありませんでしたが、未知の魅力があることも手伝い、レッドスパーダは3番人気、リーチザクラウンは4番人気に推されました。

しかし、勝ったのは前年のジャパンカップダート馬であるエスポワールシチーであり、歴戦のダート馬たちが掲示板を独占しました。芝コース実績組の中で最も先着を果たしたのはローレルゲレイロの7着で、リーチザクラウンは10着、レッドスパーダは12着と大敗を喫してしまいました。レッドスパーダの走破タイムは1分38秒4であり、前走の東京新聞杯を1分32秒1で走った馬とは思えない負け方でした。肉体的に走れないということではなく、レースの流れに乗ることができず、キックバックを受けたことで精神的に参ってしまった結果でしょう。

アメリカやドバイのダート競馬はさらにキックバックが激しいです。UAEダービーを制し、ケンタッキーダービーなどアメリカのダート3冠レースに挑戦したラニの調教助手であった丸内永舟氏は、自身のツイッターにこう書きました。

> 昨年チャーチルダウンズに入って、ミュージアムで過去何年かのダービーのビデオを見て気付いた事というのは、馬体がキレイな馬が勝っていて、ドロドロの馬はあまり勝っていない事実。つまりキックバックを受けるとダメなんだという事と、キックバックを受けたくないが為

の先行激化という仕組み。

アメリカ競馬のレースがあれだけ先行激化するのは、キックバックを受けたくないからという考えは本質を突いていますね。アメリカのダートは日本と違って、砂ではなく土の上を走る、全く別物です。土の塊が凄まじいスピードで飛んできて、顔や体にぶつかることの肉体的、精神的なダメージは僕たちの想像を絶するはずです。ボクシングで言うところのボディーブローのように、肉体面だけではなく精神面でもスタミナを削り取ってゆくのです。キックバックを受けない前々の外のポジションを取ることが、アメリカのダート競馬を制するセオリーであって何ら不思議はありません。

日本のダートに当てはめてみると、ダートの不良馬場がそれに近いかもしれません。ダートの不良馬場は、砂が泥となり、固まりとなって飛んできて馬にはツラく、特に冷える冬場ではさらに苛酷で、精神面への影響は相当に大きいのです。そのため、泥を被らないで済む、良いポジションを取ることができるかどうかは極めて重要になります。基本の内の2、3番手が勝ちポジのダートレースであっても、不良馬場になれば外の2、3番手に勝ちポジが変化することもあると考えてください。また、2月の厳寒期に行われるフェブラリーステークスは、元々外の3、4番手が勝ちポジですが、雨が降って馬場が悪くなるとさらにその傾向に拍車が掛かるということですね。

菊花賞を後方まくり型の馬が勝つ理由

レースごとの勝ちポジを見極めるためには様々な方法がありますが、最も簡単なそれは、過去のレースにおける勝ち馬の走ったポジションを見るということです。たとえば、菊花賞の過去20年間のレースにおいて、勝ち馬が走ったポジションをつぶさに観察してみると次のようになります。

パターンＡ（まくり型）

２００２年　ヒシミラクル、２００３年　ザッツザプレンティ、２００４年　デルタブルース、２００６年　ソングオブウインド、２００８年　オウケンブルースリ、２０１１年　オルフェーヴル、２０１２年　ゴールドシップ、２０１６年　サトノダイヤモンド、２０１７年　キセキ

パターンＢ（先行抜け出し型）

２００５年　ディープインパクト、２００７年　アサクサキ

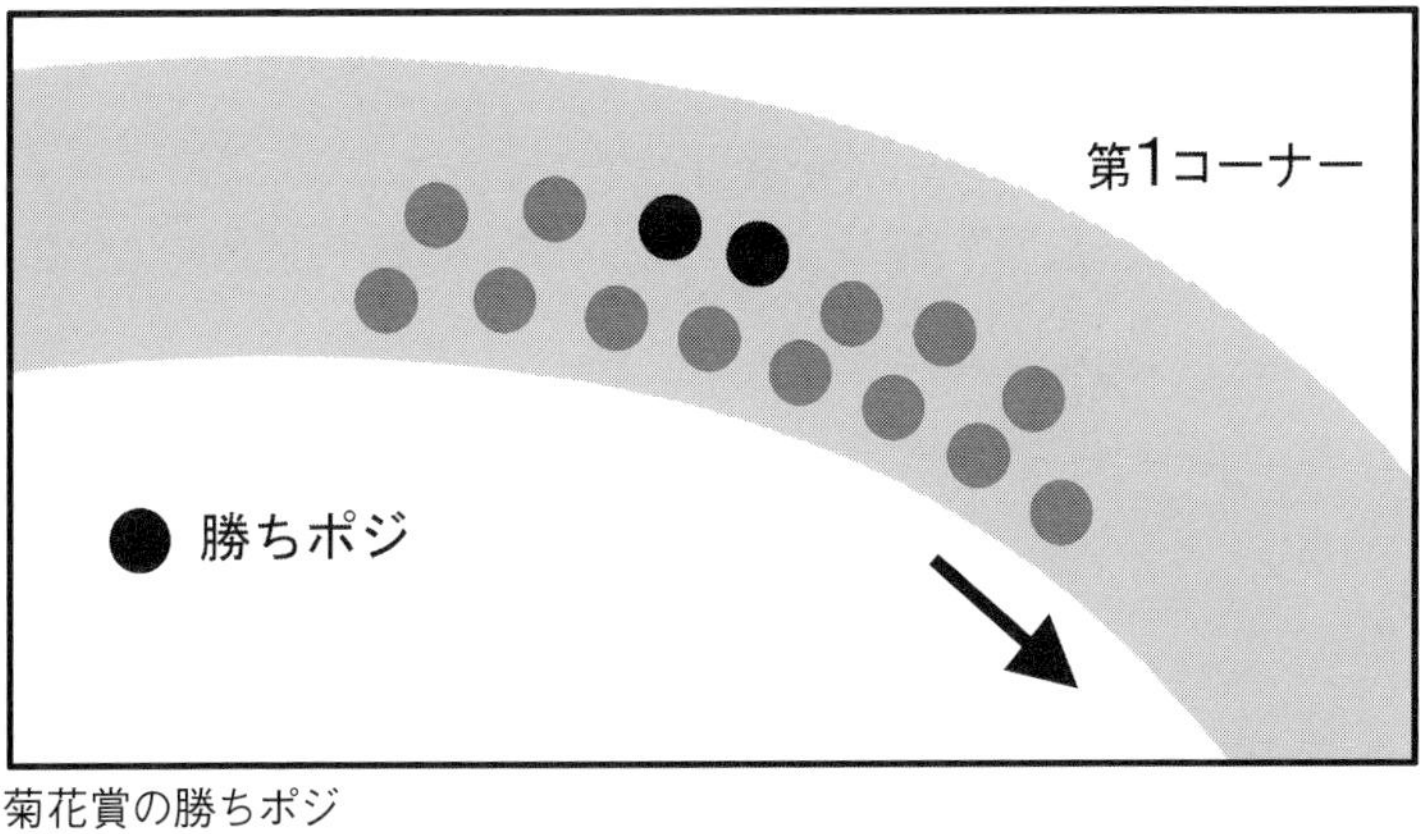

菊花賞の勝ちポジ

ングス、2010年ビッグウィーク、2013年エピファネイア、2018年　フィエールマン

パターンC（経済コース追走型）

2000年　エアシャカール、2001年　マンハッタンカフェ、2009年　スリーロールス、2014年　トーホウジャッカル、2015年　キタサンブラック、2019年　ワールドプレミア、2020年　コントレイル

こうして見ると様々なパターンがあるようにも思えますが、パターンAの（後方）まくり型が9頭とほぼ半数を占めていることに驚かされます。道中は後方を追走し、ラスト800m地点から馬群の外々を通って動き始め、最終コーナーでは他馬を飲み込むようにして先頭に立つというパターンがこれほどまでに多いG1レースも珍しいです。このように定性的かつ定量的な定点分析をしてみると、菊花賞というレースの本来の勝つためのポジションが見えてきます。

なぜこのようなポジションになるかと言うと、積極的な理由としては、菊花賞を勝つようなステイヤーは、道中はゆっくりと走り、後半になってエンジンが掛かるタイプが多いからです。また、最後の直線における一瞬の切れ味ではなく、長く良い脚を使って、外々を回りながら他馬をまくり切ることができるからです。そのような走りができるスタミナと気性を有す馬こそ、菊花賞馬に相

応しいということですね。

消極的な理由としては、菊花賞は内を走ると前が詰まりやすいということです。まだ競走馬として完成していない3歳馬同士のレースであることや、クラシック最後の一冠であることも手伝って、3000mの距離を最後まで疾走できない馬が出てきます。その勝負にならなかった馬たちが、急激にペースが上がる2度目の坂越えの時点でバテて下がってくるのです。ズルズルと下がってくる馬たちを上手く捌ければ問題ないのですが、もし上がって行かなければならないタイミングで前が壁になってしまう事態に陥れば、すなわち致命傷となります。過去にもゼンノロブロイやロックドゥカンブといった人気馬たちが、スタミナが尽きて下がってくる馬を捌き切れずに、スパートのタイミングを逸して負けてしまったことは（どちらの馬券も持っていた）僕の記憶に新しいです。

前走で勝ちポジを走れずに敗れてしまった馬の巻き返しを狙え

最近の競馬ファンは信じてくれないかもしれませんが、レースを横方向からしか見ることができない時代がありました。テレビ映えが良いのは確かですが、日本競馬史上のほとんどのレース映像は横から、もしくは斜め横からのアングルで競馬ファンに届けられてきたのです。僕が競馬を始めた30年近く前も同じで、よほどの大きな落馬事故や降着事案がなければ、一般の競馬ファンがレースを違った角度から見ることはできませんでした。レース後の検量室にて、調教師や騎手たちが上からや正面からのパトロール映像を見て振り返っている姿を見て、どれだけ僕もその場で一緒に観たいと思ったことでしょうか。

ところが、ここ十数年の間に情報はフラット化し、インターネットも普及したことで、今では競馬ファンが当たり前のように、横からだけではなく、前からや上からのマルチアングルでレースを観戦することができるようになったのです。

そのことが予想や馬券に与えた影響は計り知れません。これまでは一部の競馬関係者や内部の人々しか見ることのできなかった、レースの表層ではなく裏側の部分が明るみに出たのです。それは決して悪いことではなく、一般の競馬ファンにもレースの奥深さや奥行きが届くようになったということ。レースの真相を把握した上で、僕たちは予想をし、馬券を買うことができるようになったのです。これだけの貴重な情報を利用しない手はありません。パトロール映像を振り返るときには、ポジションの是非を見極めて、次走の予想に生かすことが大切です。

その視点のひとつとして、勝ちポジが内であった前走で、外々を回されて惜敗した馬を狙えということが挙げられます。当たり前のことのように聞こえるかもしれませんが、スローペース化が強まる現代の日本の競馬においては、ほぼ必勝法と呼んでも良いぐらいの真実でもあるのです。もちろん、前走で外々を回らされて惜敗した馬が、今回も外枠を引いて同じく外々を回らされてしまう可能性もあります。最終的にはそういったことを見極めつつ、前走で外々を回されて惜しくも負けてしまった馬の巻き返しを期待して、次走で馬券を買ってみると面白いということですね。

もちろん、逆のパターンもあり得ます。外が勝ちポジであった前走において、馬群の内に入って惜敗してしまった馬を次走で狙うということです。こちらはそれほど多くないパターンなので、分かりやすい具体例を挙げておくと、２０１１年のＮＨＫマイルカップにおいて、１番枠を引いてしまったリアルインパクトは馬群の内を走らざるを得ず、窮屈なレースを強いられて直線では伸びあぐねてしまいました。ペースが速くなりがちなＮＨＫマイルカップは、キャリアの浅い３歳馬たちによるレースということもあって、勝ちポジは外になります。勝ちポジが外であるレースにて終始内を走り、それでも3着に来たリアルインパクトの強さは、前走のレースを勝ちポジという視点で振り返ってみれば分かるはずです。次走でもし勝ちポジを走ることさえできれば、好走のチャンスは十分にあります。結果的に、次走の安田記念は勝ちポジが外であり（安田記念は当日の馬場状態によって勝ちポジは変化するのですが）、14番枠を引いたリアルインパクトは馬群の外をスムーズに回って、3歳馬初の安田記念制覇を成し遂げたのです。

前残りの競馬で惜しくも差し損ねたり、逆に先行馬が総崩れした競馬で最後まで粘ったりした馬を次走で狙うのと同様に、勝ちポジが内のレースで外を回らされた馬を、逆に外が勝ちポジのレースで内を走らされた馬の巻き返しを狙え、ということですね。それはレースを横からだけではなく、前からや上からのマルチアングルで観ることができるようになったからこその競馬の見方であり、予想法なのです。

2011年6月5日（日）3回東京6日　天候：曇　馬場状態：良

11R　第61回安田記念

3歳以上・オープン・G1（定量）（国際）（指定）芝1600m　18頭立

着	枠	馬	馬名	性齢	騎手	斤量	タイム(着差)	人気	厩舎
1	7	14	リアルインパクト	牡3	戸崎圭太	54	1.32.0	9	(美)堀宣行
2	1	1	ストロングリターン	牡5	石橋脩	58	クビ	5	(美)堀宣行
3	2	3	スマイルジャック	牡6	三浦皇成	58	1/2	3	(美)小桧山悟
4	2	4	クレバートウショウ	牡5	武豊	58	クビ	8	(栗)崎山博樹
5	8	16	ジョーカプチーノ	牡5	福永祐一	58	ハナ	6	(栗)中竹和也

単勝	14	¥2930						
複勝	14	¥710	/	1	¥420	/	3	¥340
枠連	1-7	¥1090						
馬連	01-14	¥12270						
ワイド	01-14	¥2980	/	03-14	¥3750	/	01-03	¥1580
馬単	14-01	¥25810						
3連複	01-03-14	¥44090						
3連単	14-01-03	¥335600						

2 騎手

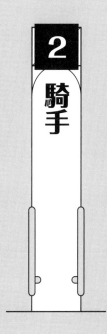

武豊騎手から地方出身の騎手、そして外国人ジョッキーへ

四半世紀も昔の話ですが、僕は高校生の頃、競馬のコインゲームにはまって、新宿にあるゲームセンターに足繁く通っていました。おそらく競馬のコインゲームとしては、初期のものであったと思います。そのレースは6頭立てで行われ、1枠の白い帽子の馬は終始インコースを走り、6枠の緑帽子の馬は大外を回る、完全なるセパレートコースでした。インとアウトコース走る距離の長さに大きな差があるのは誰の目にも明らかでしたが、内枠の馬が勝ちやすいかと言えばそうではありませんでした。外枠の馬が勝負所で豪快にまくって勝つ姿も多く見られたように、ほぼランダムに(枠順に関係なく)、勝ち馬も2着馬も決まっていたように見ました。あのときはコインの増減に一喜一憂して楽しんでいましたが、今から思えばあれはただのゲームでした。

実際の競馬のレースはそうではありません。競馬というスポーツは、決められた場所(枠順)からスタートしなければいけませんが、生き物であるサラブレッドの鞍上に人間のジョッキーが乗り、オープンコースを走ってゴールを目指す競技なのです。

現代の日本競馬は、様々な要因によってスローペース化が進み、勝つためにはポジション取りが重要になり、そのための大前提として枠順が大きな意味を持つようになりました。どこの枠からス

タートを切るかは道中のポジションをほぼ決めてしまうため、各馬の力が拮抗しているレースであればあるほど、スローペースに流れやすいコース設定であればあるほど、馬場が高速化すればするほど、枠順が勝ち負けに大きな影響を及ぼします。しかし、当然のことながら、枠順だけで全てが決まってしまうわけではありません。

どこのポジションを走るかは、枠順によってのみではなく、ジョッキーのタイプ（技術やスタイル）によっても変わってきます。日本人騎手の第一人者として活躍し続けてきた、武豊騎手の過去30年間の勝利数とリーディング順位の推移を見てみましょう。

1990年　116勝　1位
1991年　96勝　2位
1992年　130勝　1位
1993年　137勝　1位
1994年　134勝　1位
1995年　134勝　1位
1996年　159勝　1位
1997年　168勝　1位
1998年　169勝　1位
1999年　178勝　1位
2000年　130勝　1位
2001年　65勝　14位
2002年　133勝　1位
2003年　204勝　1位
2004年　211勝　1位
2005年　212勝　1位
2006年　178勝　1位
2007年　156勝　1位

２００８年	１４３勝	１位
２００９年	１４０勝	２位
２０１０年	６９勝	14位
２０１１年	６４勝	16位
２０１２年	５６勝	19位
２０１３年	９７勝	８位
２０１４年	８６勝	８位
２０１５年	１０６勝	５位
２０１６年	７４勝	８位
２０１７年	８２勝	10位
２０１８年	７６勝	10位
２０１９年	１１１勝	３位

武豊騎手は１９８７年にデビューし、３年目にはすでに全国リーディング１位に上り詰め、海外競馬に挑戦した２００１年を除けば、ほぼ20年近くにわたってトップの座を維持してきました。しかし、勝利数は２００５年をピークにして減少し始め、ついに２００９年にはリーディングの座を明け渡します。もちろん、落馬事故による怪我や不調、年齢的な衰えなどもその原因に考えられるかもしれませんが、それだけではありません。勘の良い方であればお気づきのことでしょう。実は、武豊騎手の勝利数の推移やリーディング順位は、日本ダービーのペースがハイペースからスローペースに移り変わっていくのと、また日本ダービー勝ち馬の枠番が内枠に偏ってゆくのとほぼ軌を一にしているのです。

地方出身の騎手、若手、外国人ジョッキーの台頭

武豊騎手に代わって頭角を現したのは、地方競馬から来た安藤勝己騎手や内田博幸騎手、岩田康誠騎手、戸崎圭太騎手であり、若手の浜中俊騎手や川田将雅騎手、外国人騎手であるクリストフ・ルメール騎手やミルコ・デムーロ騎手でした。彼らの騎乗スタイルが、現代の日本競馬のスローペース化と見事にマッチしたのです。なぜ武豊騎手はかつてほど勝てなくなり、そして地方競馬や海外競馬からやってきたジョッキーたちの時代がやってきたのでしょうか。

日本の競馬にスローペース化の波が押し寄せたその変化は、決して劇的なものではなく、十数年の歳月を経て、じわじわと移り変わるものでした。しかし、僕が競馬を始めた30年前と今という長いスパンで見てみると、明らかに、大きく変わったのです。そして、スローペース化は現在進行形なのか、ひとまずは落ち着いたのか、それともこの先さらに加速してゆくのかさえ分かりませんが、ひとつだけ確かなことは、競馬の流れが変わったことにより、道中のポジション取りが勝敗に及ぼす影響が大きくなり、それに伴って枠順というファクターが極めて重要になっただけではなく、騎手に求められる資質も変わったということです。後ろから行って、外を回してしまっては、ゴール前で届かなくなったのです。

スローペース化された現代の日本競馬のレースにおいて、ジョッキーに求められるのは、スタートして馬を出して行って前のポジションを確保し、道中は馬を抑えながら脚を溜め、最後の直線に向くや一気にギアをトップに入れて馬を追い出し、脚が止まりかけた馬でもなんとか最後までもたせる技術です。「鞍上人なく、鞍下馬なし」というたとえは死語となり、長手綱でできるだけ馬の走りの邪魔をせず、大外を綺麗なコーナリングで回り、最後の直線で一糸乱れずに追うことが美しいと言われる時代は終わりました。ジョッキーは鞍上でファイトしなければならなくなったのです。

馬を短い手綱で出したり引いたりして動かす（御す）ことができる騎手が、より良いポジションでレースを運ぶことができる、つまり馬を勝たせることができるということです。たとえ枠順に恵まれなかったとしても（外の枠順を引いてしまったとしても）、馬を御せる自信があれば、思い切ってスタートから出して行って、内に潜り込むチャンスがあるかもしれません。勝敗を大きく左右する枠順を生かすも殺すも、ジョッキーのポジションに対する考え方や技術次第なのです。

ジョッキーに求められる資質や考え方が変わったと思わせられた、僕にとって象徴的なレースが2つあります。ひとつは、大井競馬から来た内田博幸騎手が、5番人気のエイシンデピュティに騎乗して逃げ切った2008年の宝塚記念です。このレースは決してスローペースではなく、雨が降ったことで馬場が重くなり、時計が掛かったにもかかわらず、武豊騎手が乗ったメイショウサムソンの追撃を内田騎手とエイシンデピュティは凌ぎました。これまでの日本競馬であれば武豊騎手が見事に差し切っていたはずが、届かなかったのです。バテた馬を最後までもたせる、地方競馬出身のジョッキーの技術が見事に発揮されたレースでした。

もうひとつは、園田競馬から中央入りした岩田康誠騎手が、エーシンフォワードを駆って勝利した２０１０年のマイルチャンピオンシップです。13番の外枠から発走した岩田騎手は馬群の間隙を縫うようにして、エーシンフォワードをいつの間にか内ラチ沿いに潜り込ませました。絶好のポジションを確保し、距離ロスを最小限に抑えることで、13番人気の馬を勝たせてしまったのです。馬を出して行き、勝つためのポジションを取り、最後の直線では一滴の余力も残さずに馬の力を出し切らせた見事な騎乗でした。

内田騎手や岩田騎手がこの2つのレースで示してみせた、馬をもたせる技術やポジションに対する考え方は、レースがスローになればなるほど生きます。内の枠順を引くことができれば、勝つことはさらにたやすくなります。彼らが地方競馬場の砂の上で培った、馬を動かしてポジションを取るスタイルが、不思議なことに、中央競馬のスロー化した芝のレースにピタリとはまったのです。

これらの変化をいち早く察知した関係者たちは、彼らへの騎乗依頼を増やしました。この変化に合わせてスタイルを変えたジョッキーたちも現れ始めました。武豊騎手も時代の流れに適合し、スッと馬を先行もしくは逃げさせて、できる限り前のポジションを取るスタイルにシフトしつつ、再び勝利数を伸ばしてきているのだからさすがです。そして、欧州のスローペースかつ深い芝の競馬で腕を磨いた外国人ジョッキーたちにとって、現代の日本競馬ほど力を発揮できる舞台はないでしょう。

スローペース化の流れはさらに進むことはあっても、逆に戻ることはありません。そうした変化の中で、僕たち競馬ファンはどのように馬券を買えば良いのか、またこの先、日本競馬はどのような流れになるのか、大局的な視点を持って考えてみなければいけません。

外国人騎手だからできる定石破り

２０１７年の日本ダービーは、前週に行われたオークスよりもさらに遅い、前半１０００mが63秒2という超スローペースに流れ、例年と同じような日本ダービーが再現されようとしていました。内枠を引いて道中は馬群の内でじっと我慢して脚を溜めるか、前のポジションを取っていなければ勝負にならないレースとなったのです。ところが、レイデオロに乗ったクリストフ・ルメール騎手は、向こう正面で迷うことなく一気にポジションを2番手まで押し上げました。

いくらペースが遅いとはいえ、道中で自ら動いてしまっては脚を失うことになります。競馬は先に仕掛けた方が負けるスポーツなのです。そのことを一番良く分かっているのが騎手であり、だからこそ、ペースに対してのポジションが悪すぎると分かっていても、ジョッキーは自ら動くことができません。動けば負ける、動かなくても負けるという状況では動けないのが人の常であるにもかかわらず、ルメール騎手は日本ダービーという大舞台で、定石破りの決断をし、自

2017年5月28日（日）2回東京12日　天候：晴　馬場状態：良

10R　第84回東京優駿（日本ダービー）

3歳・オープン・G1（定量）（牡・牝）（国際）（指定）芝2400m　18頭立て

着	枠	馬	馬名	性齢	騎手	斤量	タイム(着差)	人気	厩舎
1	6	12	レイデオロ	牡3	ルメール	57	2.26.9	2	(美)藤沢和雄
2	2	4	スワーヴリチャード	牡3	四位洋文	57	3/4	3	(栗)庄野靖志
3	8	18	アドミラブル	牡3	M.デム	57	1 1/4	1	(栗)音無秀孝
4	2	3	マイスタイル	牡3	横山典弘	57	クビ	14	(栗)昆貢
5	4	7	アルアイン	牡3	松山弘平	57	ハナ	4	(栗)池江泰寿

単勝	12	¥530				
複勝	12	¥180	4	¥200	18	¥150
枠連	2-6	¥1180				
馬連	04-12	¥1620				
ワイド	04-12	¥650	12-18	¥470	04-18	¥490
馬単	12-04	¥2860				
3連複	04-12-18	¥2220				
3連単	12-04-18	¥11870				

ら動いていったのです。その神がかった騎乗には称賛の声が多く、ルメール騎手の好判断があったからこその勝利であったと言っても過言ではありません。あそこで動いていなければ、内枠を利して完璧に乗った四位洋文騎手のスワーヴリチャードがダービー馬に輝いていたはずです。

レースをパトロール映像等で繰り返し観てみると、ルメール騎手は自ら動いたのだろうかという疑問が湧いてきました。動いたのではなく、抑えなかったという表現の方が適切なのではないかと思います。他の騎手たちがスローな流れに乗ろうとして馬を引っ張り合う姿を横目に、ルメール騎手だけはブレーキをかけなかっただけのことです。

現代の日本競馬は、レースの流れに乗らなければならない、隊列を乱してはいけない、他者よりも先んじて動いては負けてしまうという集団意識によって、スローペース化に拍車が掛かっています。周りが抑えるから、それに合わせて自分も引っ張る傾向が強いのです。その結果、自分の馬のリズムというよりは、レースの流れに合わせて馬を走らせることになります。そうすると、馬の能力よりも、レースの流れやポジションや枠順次第で勝敗が決まることになり、騎手はレースの流れに馬を乗せるためだけに存在することになります。それではあまりにも単調で、面白味に欠けるのではないでしょうか。

現代の日本競馬に漂う集団的な抑圧を打ち破ったのが、２０１５年から外国人ジョッキーとして初の中央競馬の騎手免許を得たルメール騎手だったのは不思議ではありません。馬のリズムさえ乱さなければ、または馬がリラックスして走っているのであれば、無理に抑える必要はないのです。思い返せば、２０１０年の有馬記念にてヴィクトワールピサを中盤から抑えずに行かせて勝利したのも、同じ外国人ジョッキーであるミルコ・デムーロ騎手でした。彼らには日本人騎手と比べて同調圧力がかかりにくいのかもしれません。

ここからは僕の希望的予想ですが、彼らのように、無理にブレーキをかけることなく、より良いポジションを取りに行くジョッキーたちが日本人騎手からも現れるでしょう。また、そのようなシーンをレースで目にすることが増えるはずです。日本ダービーという最高峰のレースにおいて、一度でも打ち壊された定石やルールは元には戻らない。日本競馬全体としては、スローペース化の波が引くことはありませんが、その中でのジョッキーたちによるポジション争いはもっと自由になり、枠順や展開だけに左右されない競馬を見せてくれることを願います。そのためにジョッキーたちは馬を御する技術を磨き、レースごとの流れや勝ちポジを的確に判断しなければならないのです。

どのジョッキーが馬を御して勝ちポジを取りに行くことができるかを見極め、レースがどのように動いていくかをイメージすることが大事です。ここから十数年かけて、日本の競馬には世界でも稀な変幻自在のレースが増えるに違いありません。僕たち競馬ファンにとって見ごたえのある、エキサイティングなレースが観られることを期待したいですね。

それと同時に、僕たちが馬券を買うときには、そのレースにおける勝ちポジを考慮に入れつつ、それと密接な関係にある枠順に大いに着目するべきです。スローペースがほぼ確実なレースや超高速馬場で行われるレース、コーナーが多いコース設定のレースにおいては、ひとつでも内枠を引いた馬が有利になることを強く意識して馬券を買うべきです。もう少し具体的に言うと、スタートしてから第1コーナーまでの馬や騎手たちの動きをイメージしながら、勝ちポジを走ることができるのかを考えてみることが重要です。

馬3騎手7の時代

今となっては、外国人ジョッキーが日本の競馬場で騎乗し活躍することは当たり前の光景となりましたが、2001年の秋まではそうではありませんでした。この年、僕の競馬に対する認識を改めるべきときが来たと思わせられる衝撃的な出来事が起こりました。短期免許を取得し、フランスからやってきたオリビエ・ペリエ騎手が、マイルチャンピオンシップ→ジャパンカップ→阪神ジュベナイルフィリーズというG1レースを3週連続で勝利したのです。

ペリエ騎手が勝利した3つのG1レースにおける騎乗馬の人気は、4番人気（ゼンノエルシド）、2番人気（ジャングルポケット）、7番人気（タムロチェリー）。決して乗り馬に恵まれていたわけではありません。普通に乗れば勝てる馬を普通に乗って勝ったものではなく（それだけでも簡単なことではありませんが）、普通に乗っては勝てないと思われていた馬を、ペリエ騎手が普通に乗って勝たせたのです。

競馬の世界において、「馬7騎手3」という言葉があります。ペリエ騎手が来日するまで、この言葉の真の意味が僕には理解できていませんでした。競馬のレースにおける勝ち負けの要因として、馬が占める割合の方が大きいという程度の認識でしかなかったのです。たとえ武豊騎手がハルウララに乗っても勝てないように、騎手ではなく、結局は馬が走る。競馬新聞を見ても、そこにあるのは馬についての詳細かつ膨大なデータであり、競馬とはつまり、どの馬が勝つのかを当てるゲームだと考えていました。

しかし、そうではなかったのです。「馬7騎手3」という言葉の真意は、「騎手の技量が全体の結果の3割を占める」ということでした。もちろん馬の走る能力がベースにはありますが、少しぐらいの能力差ならば、騎手の腕ひとつで逆転できる可能性が十分にあるということです。誤解を恐れずに言うと、ペリエ騎手が来るまでは、ひと握りの騎手たちを除いて、日本人ジョッキー間における技量差は極めて小さかったのです。それまでは僕たちの目に映らなかった騎手の技量差を、ペリエ騎手が顕在化してしまったのです。競馬はつまり、どの騎手が乗ったどの馬が勝つのかを当てるゲームだったのです。

ペリエ騎手を語った藤沢和雄調教師の言葉を引用します。

「勝とうという強い気持ちを持っていながら、同時に冷静な判断力がある。そういう意味でペリエは完璧だね。判断力は大切です。危険の回避、勝つためのコース取りなど、競馬の中では常に0．5秒以内で判断しなくてはいけない。考えていたらもう負けです。でもいくら正しい判断をできても、その通りに馬を動かせる技術の裏付けがないと話にならないよね」

（「週刊Ｇａｌｌｏｐ」より）

勝ちたいと思う強い気持ちと冷静な判断力、そして馬を動かせる技術。どれかひとつだけでは到底勝てませんし、ひとつ欠けてしまっても物足りない。全てが揃ってこそ、初めて他のジョッキーたちよりも多く馬を勝たせることができるのです。

2017年春のクラシックにおいて、ペリエ騎手の後輩でもあるフランス人のクリストフ・ルメール騎手が、藤沢調教師の管理するソウルスターリングとレイデオロに騎乗し、オークスと日本ダービーをそれぞれ勝利しました。オークスは内枠を生かしたポジション取りで、前走の惜敗のイメージを引きずることなく積極的なレースをして、他馬に付け入る隙を与えない完勝でした。そして日本ダービーは、向こう正面で馬を無理に抑えることなくスルスルとポジションを上げていき、最後の直線に向いてからゴールまで先頭を譲らずに粘り込んだのです。

これらの好騎乗を受けて、藤沢調教師は「ペリエの方が上手いと思っていたけど、やるじゃないか」と最大級の賛辞をルメール騎手に送りました。藤沢調教師らしい照れ隠しがあるので間接的な表現をとっていますが、ルメール騎手はペリエ騎手を超えたのではないかという意味が込められていると僕は解釈しました。ひとつひとつのレースにおける、勝ちたいという強い情熱と冷静な判断力、そしてレースの流れに合わせて馬を動かすことのできる技術が極めて高い次元でルメール騎手には備わっているのです。まさにポジションが大きな意味を持つ現代の日本競馬の申し子と言ってもよいのではないでしょうか。

ルメール騎手の難しい馬を御す技術

２０１５年、外国人として初のＪＲＡ所属騎手となったクリストフ・ルメール騎手は、引き続き素晴らしい成績を残しています。ある程度は予想されていたこととはいえ、ジョッキー群雄割拠の時代に、これだけ突出した成績を安定して収めるのですから、ルメール騎手にしかない何かがあるのでしょう。確かに勝てる（勝負が掛かった）馬が回ってきている流れはあっても、それだけではなく、実際に馬の力を十全に発揮させる技術があるということです。

そのひとつとして、行きたがる馬を抑える技術があります。ルメール騎手は、その柔らかな顔つきからは想像できませんが、腕力が非常に強いと言われています。彼に乗り替わった馬が、それまでは後ろから行っていたにもかかわらず、スッと先行してピタリと折り合い、そのまま押し切ってしまうというレースを何度も見たことがあるでしょう。

ハーツクライに乗ってディープインパクトを負かした２００５年の有馬記念。リトルアマポーラに跨がってカラ馬をものともせず勝利した2008年のエリザベス女王杯。そして、ウオッカと共に府中の2400mを先行して後続の追撃を凌ぎ切った2009年のジャパンカップなど。どのレースも、観ているこちらがヒヤヒヤするほど、馬を前に出して行っての勝利でした。

僕にとって最も鮮明な記憶として残っているのは、コスモバルクを巧みに操り、2着してみせた2004年のジャパンカップです。好スタートを切って、第1コーナーにかけてやや行きたがるコスモバルクをなだめ、それ以降はピタリと折り合い、まさに人馬一体。逃げたマグナーテンを追いかけることもなく、手綱を持ったままで最後の直線に向きました。勝ったゼンノロブロイにこそあっさり交わされてしまったものの、ポリシーメイカーをゴール前で差し返したように、コスモバルクには最後まで余力が残っていました。

このレースだけを見ても、おそらく何も感じるものはないかもしれません。2番人気の日本馬に当時フランスのジョッキーが乗り替わって、ソツなく2着させたレースであり、それ以上でもそれ以下でもありません。しかし、コスモバルクの戦歴を見てみると、この当時の同馬の折り合いの難しさが分かります。日本ダービーでは驚愕のハイペースにもかかわらず、第4コーナーでは引っ掛かるような形で先頭に立ってしまい、最後の直線では完全にバテて歩いてしまいました。夏を越して秋を迎えたセントライト記念（2200m）では、2番手に控える競馬を試みようとしたものの、馬が行きたがり、そのままハナに立ってしまったのです。菊花賞（3000m）でも抑えが利かず、結局、先頭に立って逃げる形を選択しました。高い能力を持ちながら、折り合いを欠いてスタミナを失ってしまう欠点のある馬、それがコスモバルクでした。

ジャパンカップでルメール騎手に乗り替わったコスモバルクが、向こう正面でピタリと2番手に折り合う姿を見て、僕は息を呑みました。逃げて2着したのであれば驚かないのですが、ルメール騎手は、道中でいとも簡単にコスモバルクと折り合いをつけてみせたのです。コスモバルクが折り合いを欠くシーンを何度も観てきた僕にとっては、まるでマジックを見ているかのようでした。

そのトリックはルメール騎手の腕力にあります。特に肘から上の部分の強靭な筋力で手綱をガッチリと掴んで放さない。自分勝手に走ってはならないことを、手綱を通して馬に伝えるのです。ハミを通して鞍上の強さを感知した馬は、無駄な抵抗をやめて、逆にルメール騎手を頼って走るようになるのです。

もちろん、難しい馬を御す技術だけではなく、レースにおける豊富な経験、そして日本の競馬を知り尽くしているという3点が合わさって、今のルメール騎手を形成しています。特に最後の点は極めて重要で、「経験」や「技術」の豊富な他のトップジョッキーが短期免許でやって来ても、やはりルメール騎手の方が勝てるのは、日本の馬や騎手、コースや馬場を熟知していることが極めて大きなアドバンテージになるからです。もともと豊富な「経験」や優れた「技術」を持っていたルメール騎手が、数年かけて日本の競馬に精通したことで、いわゆる神騎乗を連発することができているのです。

2018年6月3日（日）3回東京2日 天候：晴　馬場状態：良

11 R　第68回安田記念

3歳以上・オープン・G1（定量）（国際）（指定）芝1600m　16頭立

着	枠	馬	馬名	性齢	騎手	斤量	タイム(着差)	人気	厩舎
1	5	10	モズアスコット	牡4	ルメール	58	1.31.3	9	(栗)矢作芳人
2	2	4	アエロリット	牝4	戸崎圭太	56	クビ	5	(美)菊沢隆徳
3	1	1	スワーヴリチャード	牡4	M.デム	58	3/4	1	(栗)庄野靖志
4	1	2	サトノアレス	牡4	蛯名正義	58	1/2	7	(美)藤沢和雄
5	8	15	サングレーザー	牡4	福永祐一	58	クビ	3	(栗)浅見秀一

単勝	10	¥1570					
複勝	10	¥410	/	4	¥290	/ 1	¥160
枠連	2-5	¥4170					
馬連	04-10	¥7370					
ワイド	04-10	¥2100	/	01-10	¥1020	/ 01-04	¥680
馬単	10-04	¥15290					
3連複	01-04-10	¥6560					
3連単	10-04-01	¥63ß280					

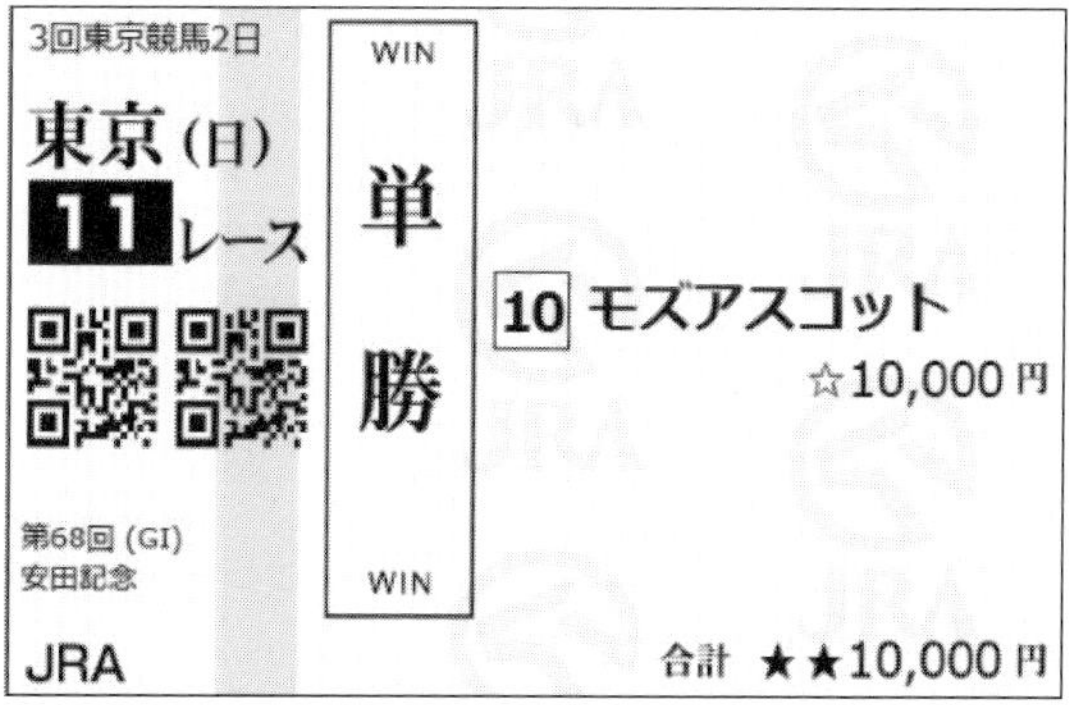

2018年の安田記念はルメール騎手が騎乗したからこそ買えた馬券ですし、勝てたレースでした。モズアスコットは直前まで出走が危ぶまれていましたが、出走が決まり、ルメール騎手が手綱を取れることが決まった時点で僕の心も決まりました。モズアスコットは血統的に重厚なため、日本の軽い競馬ではどうしても勝ち味に遅くなってしまいますが、出走してくれれば乗り方次第でチャンスはあると考えていたからです。ルメール騎手は、騎乗馬のウィークポイントを隠しつつ、持てる能力を十全に引き出すことができるため、買わない理由を探すのが難しいのです。むしろ彼らが乗ってくれるのであれば、机上の空論では勝てそうにない馬でも、勝てるような気がしてくるから不思議ですね。

騎手の上手さは連対率を見る

メジャーリーグで3割打者が消えてしまうかもしれない、という記事を数年前に読みました。今や150キロの速球を投げる投手はゴロゴロいて、そこにどう変化するか予測ができない変化球を散りばめられてしまうと、打者がそれを打つのは容易ではありません。僕も高校まで野球をやっていたので、手も足も出ないという打者の気持ちが良く分かります。さらに打球の方向性などを統計的に研究し、守備の位置を変えるという戦略も加わり、各打者は丸裸にされてしまいました。2014年のシーズン、規定打席数に達した上で、打率が3割を超えたのはわずか17名。1995

年度の55名と比べると、「３割打者は絶滅危惧種」という言葉もあながち大げさではありません。投高打低、打者にとっては受難の時代がやってきたのです。

何でこのような話をしたかと言うと、３割という数字を聞いたとき、騎手の連対率が僕の頭に浮かんだからです。騎手の勝率はおよそ１割台であり、10回レースに乗っても勝てるのは１回か２回、つまり、どれほど腕の立つ騎手であっても、10回に９回か８回は負けてしまいます。そう考えると、野球のバッターにとっての打率と近い確率にあるのは、騎手にとっての連対率でしょう。僕は騎手の総合力は勝率や連対率によって示されると考えていて、連対率に関して言えば３割以上、言うならば10頭に騎乗して、３頭を勝ち負けさせることができれば一流だと思います。

連対率３割という観点から、ここ十数年のジョッキー界の移り変わりを見てみましょう。

２００２年における武豊騎手は、なんと０・４３５という驚異の連対率をはじき出しています。およそ２回に１回は連に絡み、勝率も０・２９１ですから、カラスが鳴かない日はあっても武豊騎手が勝たない日はない、という表現も嘘ではないほどの目覚ましい活躍振り。その後も、さすがに４割にこそ届かなくても、毎年コンスタントに連対率３割を保ち続けました。

JRA 騎手リーディングの推移（2001-2019 年）

2006 年度

位	騎手名	1 着	勝率	連対率
1	武豊	178	0.225	0.375
2	藤田伸二	127	0.141	0.282
3	岩田康誠	126	0.132	0.252
4	安藤勝己	120	0.192	0.326
5	横山典弘	113	0.171	0.303

2007 年度

位	騎手名	1 着	勝率	連対率
1	武豊	156	0.219	0.372
2	岩田康誠	145	0.166	0.298
3	安藤勝己	136	0.238	0.410
4	後藤浩輝	116	0.135	0.254
5	田中勝春	108	0.131	0.220

2008 年度

位	騎手名	1 着	勝率	連対率
1	武豊	143	0.219	0.355
2	内田博幸	123	0.139	0.251
3	安藤勝己	119	0.214	0.344
4	岩田康誠	118	0.138	0.263
5	後藤浩輝	107	0.131	0.238

2009 年度

位	騎手名	1 着	勝率	連対率
1	内田博幸	146	0.150	0.255
2	武豊	140	0.182	0.320
3	岩田康誠	109	0.122	0.240
4	藤田伸二	108	0.142	0.264
5	横山典弘	106	0.147	0.281

2010 年度

順位	騎手名	1 着	勝率	連対率
1	横山典弘	120	0.202	0.325
2	内田博幸	118	0.144	0.267
3	蛯名正義	116	0.136	0.231
4	福永祐一	109	0.135	0.268
5	松岡正海	109	0.129	0.254

2001 年度

位	騎手名	1 着	勝率	連対率
1	蛯名正義	133	0.147	0.264
2	柴田善臣	129	0.146	0.264
3	岡部幸雄	101	0.158	0.263
4	中舘英二	100	0.123	0.227
5	四位洋文	98	0.160	0.277

2002 年度

位	騎手名	1 着	勝率	連対率
1	武豊	133	0.291	0.435
2	柴田善臣	120	0.143	0.243
3	藤田伸二	111	0.144	0.259
4	蛯名正義	99	0.123	0.225
5	横山典弘	93	0.157	0.273

2003 年度

位	騎手名	1 着	勝率	連対率
1	武豊	204	0.236	0.383
2	柴田善臣	119	0.133	0.267
3	安藤勝己	112	0.166	0.312
4	藤田伸二	103	0.127	0.241
5	蛯名正義	101	0.129	0.235

2004 年度

位	騎手名	1 着	勝率	連対率
1	武豊	211	0.231	0.372
2	柴田善臣	145	0.154	0.297
3	安藤勝己	127	0.188	0.332
4	藤田伸二	121	0.150	0.245
5	横山典弘	116	0.155	0.282

2005 年度

位	騎手名	1 着	勝率	連対率
1	武豊	212	0.248	0.398
2	横山典弘	134	0.174	0.308
3	藤田伸二	115	0.141	0.250
4	福永祐一	109	0.134	0.221
5	柴田善臣	106	0.132	0.265

2016 年度

順位	騎手名	1着	勝率	連対率
1	戸崎圭太	187	0.193	0.331
2	C.ルメール	186	0.237	0.375
3	川田将雅	135	0.189	0.315
4	M.デムーロ	132	0.178	0.305
5	福永祐一	106	0.151	0.294

2017 年度

順位	騎手名	1着	勝率	連対率
1	C.ルメール	199	0.246	0.417
2	戸崎圭太	171	0.185	0.321
3	M.デムーロ	171	0.257	0.412
4	福永祐一	116	0.157	0.272
5	和田竜二	96	0.094	0.178

2018 年度

順位	騎手名	1着	勝率	連対率
1	C.ルメール	215	0.278	0.453
2	M.デムーロ	153	0.239	0.420
3	戸崎圭太	115	0.130	0.267
4	福永祐一	103	0.149	0.270
5	川田将雅	93	0.166	0.346

2019 年度

順位	騎手名	1着	勝率	連対率
1	C.ルメール	164	0.252	0.442
2	川田将雅	152	0.260	0.434
3	武豊	111	0.168	0.303
4	福永祐一	107	0.150	0.304
5	戸崎圭太	104	0.138	0.285

2011 年度

順位	騎手名	1着	勝率	連対率
1	福永祐一	133	0.161	0.280
2	岩田康誠	131	0.148	0.302
3	川田将雅	109	0.151	0.250
4	蛯名正義	95	0.118	0.237
5	横山典弘	95	0.147	0.264

2012 年度

順位	騎手名	1着	勝率	連対率
1	浜中俊	131	0.148	0.253
2	蛯名正義	123	0.148	0.277
3	岩田康誠	119	0.139	0.257
4	内田博幸	116	0.148	0.253
6	横山典弘	112	0.180	0.312

2013 年度

順位	騎手名	1着	勝率	連対率
1	福永祐一	131	0.155	0.277
2	川田将雅	120	0.166	0.297
3	浜中俊	119	0.138	0.255
4	内田博幸	114	0.127	0.242
5	戸崎圭太	113	0.130	0.239

2014 年度

順位	騎手名	1着	勝率	連対率
1	戸崎圭太	146	0.150	0.249
2	岩田康誠	136	0.150	0.288
3	浜中俊	125	0.150	0.273
4	福永祐一	118	0.157	0.305
5	北村宏司	117	0.115	0.236

2015 年度

順位	騎手名	1着	勝率	連対率
1	戸崎圭太	130	0.138	0.267
2	福永祐一	121	0.164	0.316
3	M.デムーロ	118	0.185	0.327
4	C.ルメール	112	0.195	0.353
5	武豊	106	0.139	0.256

途中、安藤勝己騎手が彗星のごとく登場し、連対率4割に至った年もあったり、横山典弘騎手がベテランの意地を見せて連対率3割を保った年もあったりしましたが、大まかに言うと、武豊騎手への一極集中時代でした。つまり、連対率が3割に達するのは、武豊騎手ともうひとり他にいるかどうかという時代が2009年まで続きました。

流れが変わったのは2010年以降、武豊騎手が落馬負傷を機にスランプに陥り、群雄割拠の時代が始まったのです。武豊騎手の代わりを担うように、横山典弘騎手や岩田康誠騎手がかろうじて連対率3割に達しましたが、ついに2013年にはそれも途絶え、連対率3割の騎手は誰ひとりとしていなくなりました。腕の立つ騎手がいなくなったというよりは、全体のレベルが上がり、騎手間の競争が激しさを増したということです。ついに3割騎手が消えたのです。

このまま3割騎手は絶滅してしまうかと思いきや、2014年は福永祐一騎手が頭角を現しました。そして2015年は福永祐一騎手、ミルコ・デムーロ騎手、クリストフ・ルメール騎手の3名の騎手が連対率3割をキープ。その後、2016年には戸崎圭太騎手、川田将雅騎手が3割騎手の仲間入りを果たしました。2017年はルメール騎手とデムーロ騎手の独壇場となり、なんと両者共に連対率4割を超えたのですから驚きです。その傾向はさらに強まり、2018年、ルメール騎手に至っては4割5分、デムーロ騎手は4割2分の連対率でその年を終えました。この2年間において、どれだけ強い馬が彼らに集まり、また彼らはその馬たちを確実に勝利に導く、もしくは連対させてきたかということです。

常に真剣勝負をする川田将雅騎手

矢作芳人調教師は、著書「開成調教師の仕事」の中で、外国人騎手についてこう語っていました。

「国際的な見地に立てば、ＪＲＡの騎手はまだまだ恵まれている。ヨーロッパでもアメリカでも、一部の騎手への騎乗馬の集中は日本よりも甚だしい。外国人騎手が日本でなぜ優遇されるかと言うと、それは上手い騎手を求めているから。日本の騎手にはない技術を持っているからである。気持ちや心構えの部分を除いたら、中位以上の日本人騎手の騎乗技術に大きな差は感じない。ただ外国人の一流騎手には、間違いなくプラスαがある。これは僕レベルの騎乗レベルでは理解できないレベルの何か、なのだろう」

外国人騎手を偏重することによって起こる弊害は確かにあり、また日本人騎手を育てる仕組みが必要という議論ももっともなことだと思います。しかし現状としては、僕たちには見えないプラスαを求めて、外国人ジョッキーに騎乗依頼が集中するのは仕方のないことではないでしょうか。競馬にたずさわる以上、誰もが自分の馬に勝ってもらいたいはずであり、ほとんどの勝敗はわずかな差によって決することが多いのですから。

なぜ外国人の一流騎手がプラスαを持つかと言うと、元々のジョッキーとしての素質の高さに加え、様々な状況における豊富な経験があるからではないでしょうか。時には国境を越え、あらゆる競馬場のあらゆるコースにおいて、いつもとは違った顔ぶれのジョッキーたちとの真剣勝負を日々、数多くこなすことによって、気持ちや心構え、騎乗技術、経験だけではなく、プラスαの部分が磨かれていくのです。

たくさんの騎乗機会を得ることも大切なことですが、それ以上にアスリートであるジョッキーを育てるのは真剣勝負の経験でしょう。練習や生ぬるい実戦では味わうことのできない、厳しいやり取りを経て勝ち負けを決する体験です。そこには一切の遠慮はいりません。一旦レースが始まってしまえば、先輩も後輩もなく、有名なジョッキーだろうが偉大な人格だろうが関係ないのです。楽に逃げていたら潰しにいかなければならないし、ペースが遅ければ自ら動いてレースを壊しに行かなければならない。後ろから動いて来たら、前を走っていた馬は外に張り出すようにして邪魔してもいいし、有力馬が馬群の内を走っていたら、閉じ込めて進路を譲らない作戦もあっていい。そのような激しい応酬が日本の競馬ではほとんどないため、しがらみのない外国人ジョッキーは自由自在に動けるし、プラスαを発揮して楽に勝てるのです。

全ての日本人騎手がプラスαを持たないと言っているのではありません。2018年に日本人ジョッキーとして唯一3割を超えたのは川田騎手でした。そして2019年には、ルメール騎手は相変わらずの連対率を誇りましたが、デムーロ騎手が調子を崩して3割を割り込み、その代わりに川田騎手が4割を超えてきたのです。

2020年10月3日現在、川田将雅騎手は、勝率0・288、連対率0・471という驚異的な数字を叩き出し、勝率・連対率においてはルメール騎手のさらに上を行っています。競争が激しい関西(栗東)に所属しながらのこの圧倒的な成績は、日本人離れしているという表現が相応しいですね。

川田騎手の素晴らしさを語ればきりがないのですが、とにかくレースを支配する力、つまりポジショニングに優れています。馬を御して、そのレースを勝つためのポジションに導く技術はもとより、周りのしがらみを打ち破ってでも勝つために真剣勝負を求めるその気概が、日本人騎手らしからぬプラスαになっているとも言えると思います。

このように、騎手の上手さや円熟度、勢いは、連対率を見ていれば手に取るように分かります。連対率とは、どれだけ有力馬がその騎手に集まっていて、その有力馬たちに騎乗してキッチリと勝ち負けできるかという指標です。競馬のレースですからハナ差や首差で負けることもあれば、伏兵の思わぬ大駆けに遭ってしまうこともあるでしょう。それでも、大きく敗れることなく、安定して騎乗馬の力を引き出せるかが現代のジョッキーには問われているのです。

勝率は連対率と強い相関関係があり、勝率が高ければ連対率も高いのですが、今回、あえて連対率を指標としたのは、単に勝率よりも数字上の差が現れやすいからです。勝率は思い切って勝ちに行く騎乗ができる騎手が高い傾向にあります。一か八か勝ちにこだわり、上手く乗れば勝たせることができるジョッキーです。馬券の種類によって、たとえば単勝派であれば勝率を、連勝系の馬券であれば連対率を見て、馬券を買うのもひとつの方法でしょう。そのような視点で、騎手の連対率や勝率を眺めてみると思わぬ発見があるかもしれません。

どの騎手から乗り替わったか

「あの騎手が乗ると馬が変わる」という競馬関係者の言葉を聞くことがあります。他の騎手からの乗り替わりでその騎手が跨がると、まるで別馬のような走りを見せてレースで好走するという意味の〝変わる〟もあれば、その騎手がレースで騎乗した後、普段の調教から実戦のレースに至るまで、馬が最後まで頑張るようになったり、上手に走れるようになったりするという意味での〝変わる〟もあります。

前者の〝変わる〟については、かなり昔の話になりますが、１９９３年に行われた第2回ヤングジョッキーズワールドチャンピオンシップの出来事が忘れられません。当時、弱冠22歳のランフランコ・デットーリ騎手が、全４戦中３勝という成績を挙げ、（前年に次いで）ダントツで優勝したのです。しかも、第１戦は３番人気、第２戦では６番人気の馬を１着に導き、第４戦はデットーリ騎手が乗るということで１番人気になったホワイトアクセルにも勝利をもたらしました。デットーリ騎手に叱咤激励されながら馬群から踊り出してきた白い馬体を観たとき初めて、騎手によって馬が〝変わる〟ことを衝撃と共に僕は理解したのです。

後者の〝変わる〟について良く言われるのは、レースに行って、スタートからゴールまで、気を抜くことなく走らされ、ビッシリと追われたことで、馬のメンタル面が変わってくるということです。特に外国人ジョッキーが跨がった後、力を出し尽くしてしまった反動が出る場合もありますが、それ以上に、馬がピリッと集中して走り、ゴール前の苦しい状況でもあきらめずに踏ん張れるようになることがあります。馬を変えることのできる騎手は、その手綱を通して、最後まで頑張らなければならないことを馬に教えるのです。

また、騎手はレースにおける走りのリズムを教えることもあります。競馬雑誌「優駿」の騎手自身が選ぶ「マイ・ベスト・レース」という企画にて、安藤勝己騎手からオリビエ・ペリエ騎手、そして岡部幸雄元騎手まで、15人のジョッキーらが自ら騎乗したレースの中でも最高のものをひとつだけ選ぶ中、僕の印象に深く残ったのは、横山典弘騎手が選んだ2006年のフラワーカップでした。

キストゥヘヴンで勝ったこのレースを選んだ理由について、「騎乗前に考えた課題を全てクリアできた会心のレースでした」と横山騎手は語っていました。その課題とは2つあって、ひとつは、テンションの高いキストゥヘヴンに、気持ちをコントロールしながら折り合いをつけて走ることを覚えさせること。もうひとつは、次の本番である桜花賞に向けて余力を残して臨めるよう、負担をかけないレースをして、なおかつ権利を獲ること。この2つの課題をクリアできたからこそ、横山騎手にとっては会心の騎乗であったと言うのです。

ご存じの通り、桜花賞は安藤騎手の手綱によって勝利したわけですが、その勝利は横山典弘騎手が乗ったフラワーカップからの伏線があってこそのものでした。騎手は目の前にあるレースを勝たなければならないのですが、それだけであってもいけません。将来を見据えながら馬に競馬を教え、先々へとつながるレースをしながら、なおかつ勝たなければならないのです。ひとつのレースは点ですが、その点と点が結ばれながら線となって、その馬の競走人生を形成して

2016年4月3日（日）2回阪神4日　天候：曇　馬場状態：良

11R　第60回大阪杯

4歳以上・オープン・G2（別定）（国際）（指定）芝2000m・内　11頭立

着	枠	馬	馬名	性齢	騎手	斤量	タイム(着差)	人気	厩舎
1	7	9	アンビシャス	牡4	横山典弘	56	1.59.3	2	(栗)音無秀孝
2	6	7	キタサンブラック	牡4	武豊	58	クビ	5	(栗)清水久詞
3	7	8	ショウナンパンドラ	牝5	池添謙一	56	1 1/4	4	(栗)高野友和
4	2	2	ラブリーデイ	牡6	M.デム	58	1 1/2	1	(栗)池江泰寿
5	4	4	イスラボニータ	牡5	蛯名正義	57	1	7	(美)栗田博憲

単勝	9	¥390					
複勝	9	¥160	/ 7	¥190	/ 8	¥190	
枠連	6-7	¥520					
馬連	07-09	¥1470					
ワイド	07-09	¥530	08-09	¥500	/ 07-08	¥620	
馬単	09-07	¥2510					
3連複	07-08-09	¥2540					
3連単	09-07-08	¥12810					

いきます。ひとつのレースで起こったことは、過去のレースからの集積であると共に、未来のレースへの布石でもあるのです。

ちょうどこのテーマで週刊Ｇａｌｌｏｐにコラムを書いたとき、ルメール騎手から横山典弘騎手へと乗り替わったアンビシャスを、２０１６年の中山記念に引き続き産経大阪杯でも本命に推しました。前走の中山記念を含め、ルメール騎手がこれまで丁寧に乗って折り合いを教えてきたことで、アンビシャスはゆったりと走るリズムを体得していたからです。だからこそ、実際のレースでは、横山典弘騎手は折り合いを付けつつ、少し前にポジションを取ることができ、キタサンブラックに勝つことができたのです。

馬が〝変わる〟ことに関して、「どの騎手から乗り替わったのか」は、非常に大きな意味を持つということを強調したいです。僕たちは馬券を予想する上で、「どの騎手に乗り替わったか」ということに重きを置きすぎる嫌いがありますが、それと同じかそれ以上に、「どの騎手から乗り替わったのか」も大切な視点なのです。

3 馬場、コース

馬場とコースで勝ち馬は決まる

僕が学生だった頃、国立競技場でアルバイトをしたことがありました。世界陸上のための準備で競技場の中に入り、機材を運んだりする仕事を手伝っていたのです。その休憩時に、国立競技場の係員の方がこんな話をしてくれたのを今でも覚えています。

「国立競技場のトラックは、とても走りやすいように工夫して作られているのだよ。なぜかと言うと、世界のトップアスリートたちが日本に来て、世界レコードでも出してくれれば大きなニュースになるだろうし、日本、もしくは東京で行われたということも覚えてもらえる可能性も拡がるからね。記録として残るし、人々の記憶にも残るようにね」

この話を聞いて、若かった僕は純粋に驚きました。なぜなら、選手の能力とは関係のないトラックまでもが、競技に大きな影響を与えているとは思いも寄らなかったからです。誰よりも速く走ることのできる競技者が、どこよりも走りやすいトラックの上で走り、初めて世界レコードが生まれるのです。そんなこと当たり前ではないかと思われるかもしれませんが、当時の僕にとっては目からウロコが落ちるような思いでした。

つまり、選手たちがいかに速く走るかだけではなく、競走が行われる「場」の状態も、競走の結果に大きく影響を与えるということを知ったのです。その話を聞いた後、国立競技場のトラックを軽く駆けてみると、確かに硬すぎず柔らかすぎず、クッションが効いていて、足でしっかりと地面を捉えている感触がありました。

もちろん、競馬における「馬場」や「コース」も、レースの結果に非常に大きな影響を与えています。

その影響は人間の競走とは比べものにならないほど大きく、「馬場」や「コース」が変われば、勝ち馬も変わると言っても過言ではありません。たとえば、速いタイムの出る「馬場」では、軽い馬場を得意とするスピード優先の馬が勝ち、時計の掛かる馬場を得意とするパワータイプの馬は苦戦を強いられます。最後の直線距離が短く、平坦で小回りのコースであれば、器用さと先行力のある馬がスピードを生かして粘り込むことができ、最後の直線が長く、勾配のきつい坂が待ち構えているコースであれば、スタミナとパワーに優る馬が力を発揮できます。

それはまるでトランプの大富豪（関東圏では大貧民）の「革命」のようです。これまで最も強かったはずの「2」のカードが、ひとたび「革命」が起こってしまえば、あっと言う間に最も弱いカードになり下がってしまいます。これまで最も強かった馬が最も弱い馬に変わるという天変地異。「馬場」や「コース」が変わることは、それぐらいの大きな影響があるのです。そして、当然のことながら、その「馬場」や「コース」の変化を把握する術（すべ）を持たなければ、僕たちがレースの結果を正しく占うことはまず不可能となります。

洋芝では欧州型の血統の馬を狙う

芝コースの種類は大きく3つに分けられます。野芝100％の芝コースと洋芝100％の芝コース、そして野芝に洋芝をオーバーシードした芝コースです。野芝100％のコースは新潟競馬場の全開催と小倉、中山、阪神競馬場の一部開催、洋芝100％の芝コースは札幌と函館競馬場、そしてオーバーシードした芝コースは東京、中山、阪神、京都、中京、福島、小倉競馬場がそれにあたります。

野芝は暖地性の芝草であって、気候が暖かくなる6月から成長を開始し、8月の一番暑い時期に最盛期を迎えます。野芝は非常に強靭で、耐久性が高い。地面に地下茎を張り巡らせて横にネットワークを作るため、馬の蹄が当たって多少の衝撃があろうともビクともしないのです。野芝が生え揃っ

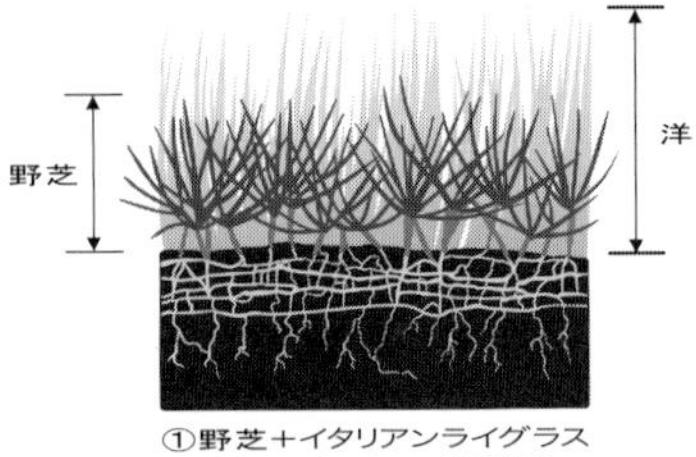

①野芝＋イタリアンライグラス
（オーバーシード実施）

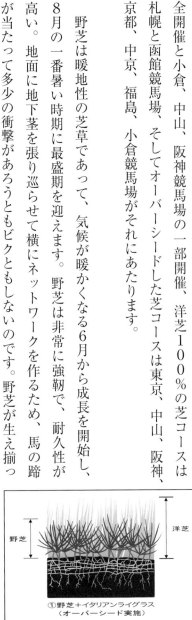

た状態の馬場には、押すと弾き返すといったクッションが感じられ、蹄の掛かりが良く、スピードが出ます。

野芝の弱点は、寒さに弱く、冬枯れしてしまうこと。野芝しか使っていなかった昔の中山競馬場の馬場は、暮れになると芝がまるで土のような色になり、見映えは決して褒められたものではなかったことを思い出します。当時、ジャパンカップに来た外国人関係者が、「芝のコースはどこにあるのですか？」と尋ねたという笑い話は有名ですね。

洋芝（三種混合）は寒地性の芝草です。洋芝の葉の密度は野芝よりもずっと濃いため、馬の蹄が芝の上に着地してから、芝が倒れて足の裏が地面に着くまでに時間差があるように感じます。野芝が押すと弾き返すクッションであれば、それとは対照的に、洋芝は押すと凹んで力を吸収するスポンジ。それゆえ、洋芝の芝コースは重くて、パワーとスタミナが必要とされます。

しかし、強度と耐久性という点では野芝に劣ります。馬の蹄が強く当た

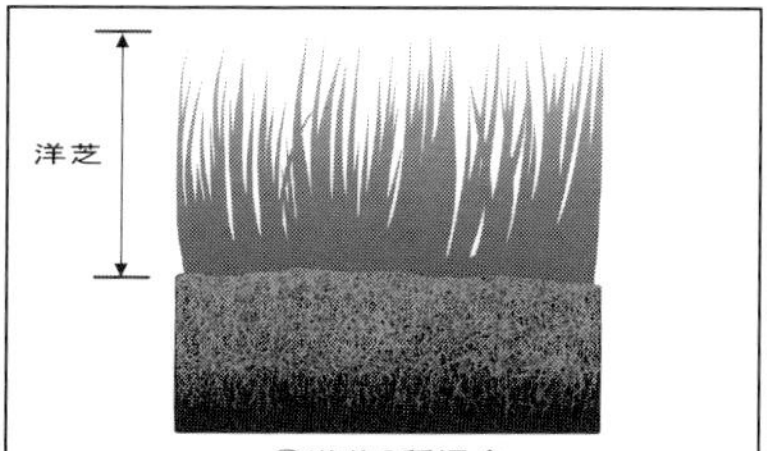

③洋芝３種混合
（札幌および函館競馬場）

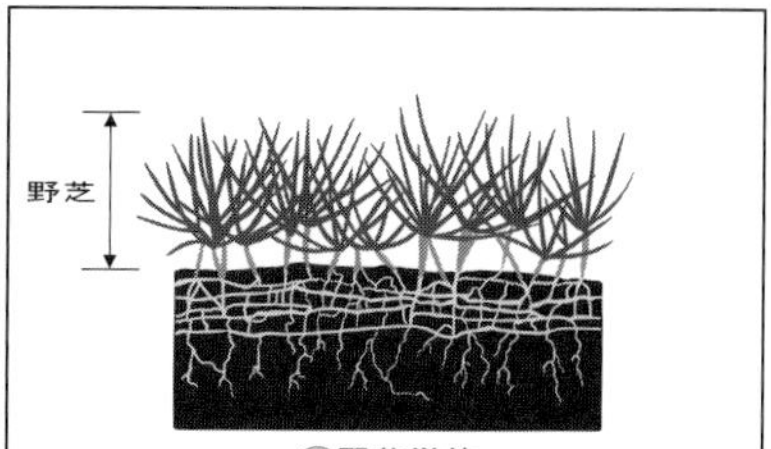

②野芝単体
（オーバーシード実施なし）

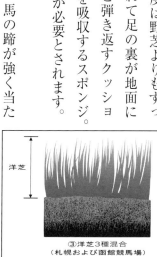

ると、根こそぎ芝が剥がれてしまうこともあり、ポカっと穴があいてしまい危険です。また、高温の夏には夏枯れしてしまうことがあり、さらに雨が降ってしまうと途端に馬場が悪化することも。だからこそ、洋芝100％の芝コースは札幌と函館競馬場のみでしか成立しないのです。

野芝に洋芝をオーバーシードした芝コースとは、野芝をベースとして、その上に洋芝のイタリアンライグラスを植えたコースのことです。中央4場（東京、中山、阪神、京都競馬場）でオーバーシード芝が必要なのは、開催時期が9月から翌年の6月までと、真冬の季節を含むからです。

前述のように、野芝は暖地性の芝草であり、11月以降は冬枯れして見た目が悪いばかりではなく、枯れている時期に開催が集中すると、芝の発育が阻害され、翌年以降に悪い影響が出ることになります。野芝の強靭さと耐久性をベースとしつつも、見た目が美しく、発育が早い洋芝で上から覆うようにしてサポートしているという構造になります。

さて、夏競馬が行われる札幌競馬場と函館競馬場は洋芝100％の芝コースです。先に述べたように、洋芝100％の芝コースはスポンジのように重く、パワーとスタミナが必要とされるため、他の競馬場の芝コースとは勝ち馬に要求される適性が異なってきます。軽さとスピードを問われる競馬場で活躍していた馬たちは弱くなり、他の競馬場で走らなかった馬たちが強くなるという逆転現象が起こるのです。そのため、洋芝１００％の芝コースで行われるレースの馬券を買う僕たちは、いつもとは頭を切り替えて臨まなければならないのです。

開催が進み、馬場が少しずつ傷んでくることも考慮に入れなければいけません。開幕当初は洋芝が密に生え揃って絶好の芝の状態であったにもかかわらず、梅雨等の影響で開催に雨が当たることも多く、洋芝の傷みが目立ち始め、かなり重い馬場になる。そうなると、とにかくパワーとスタミナのある馬を狙うべきだということです。

芝の特性を知った上で、それではどのようにして洋芝適性のある馬を狙うかと言うと、血統が最も分かりやすいでしょう。欧州競馬の血を濃く引く馬を狙うべきです。パワーとスタミナが問われる、重くて深い芝コースを勝ち抜いてきたヨーロッパの名馬の遺伝子を受け継ぐ馬ということ。過去のレースでも、トニービン、ニジンスキー、ノーザンダンサーなどの血を引く馬たちが活躍しているように、パワーだけではなく、２０００m以上の距離を得意とするようなスタミナに富んだ血統の馬が相応しい。最近では、ハービンジャーは典型的なヨーロッパ型の血を伝える種牡馬ですね。

過渡期競馬の攻略法

夏競馬が終わると、ようやく中央に開催が戻ってきます。あっと言う間にG1シリーズが始まるのですから、サラブレッドたちも忙しいですね。9月という時期は、秋のG1シリーズに向かうにあたって、夏競馬を使ってきた馬と休み明けの馬の体調のバイオリズムが交錯し、また洋芝から開幕週の野芝へと馬場が切り替わる、過渡期にあたるシーズンです。

過渡期である9月競馬において、大切なポイントは2つあります。ひとつは、休み明けの馬よりも夏競馬を使ってきた馬を狙うということです。この時期はまだまだ暑いので、休み明けの馬にとっては調整が難しく、レースに行っていきなり能力を発揮しづらい。最近はノーザンファームしがらきや天栄に代表される外厩にてしっかりと負荷を掛けられ、休み明けから力を発揮できる馬は増えているのは確かですが、それでも調整期間が短かったりすると、どうしてもキッチリと仕上げるのは難しいものです。

ところが、休み明けの馬は実績のある馬であることが多いため、たとえ仕上がりが悪くても人気になってしまいます。僕たちは春競馬での強い姿を覚えているので、ある程度の期待と幻想を持って、休み明けにもかかわらず実績馬を人気に祭り上げてしまうのです。

実績馬がひと叩きされた後（10月以降）は、夏競馬を使ってきた馬との力関係は逆転します。夏に酷使された馬たちは力を使い果たし、夏を休養にあてていた実績馬たちの体調が上向いてくるからです。つまり、９月という時期は、秋のＧ１シリーズに向かうにあたっての過渡期であり、夏競馬の延長線上にあるということになります。確かに休み明けの実績馬の取捨は難しいですが、人気的な妙味を考慮すると、夏競馬を使ってきた馬を狙う方が妙味でしょう。夏競馬を使ってきた馬とは、厳密に言うと、７、８月にレースを走った馬のことを指します。

もうひとつは、前に行くことのできる逃げ・先行馬を狙うということです。普段は酷使されることの多い阪神競馬場や中山競馬場の芝ですが、この時期だけは夏の間にじっくりと養生されたことで、芝がしっかりと根を張った野芝１００％の状態になっています。どの馬にとっても走りやすい絶好の馬場であり、それゆえ速い時計が出やすい高速馬場でもあります。マイル戦で1分32秒台の時計など当たり前で、全馬の上がり３ハロン時計が33秒台であるレースも珍しくありません。

このような極めて速い上がりで決着するレースにおいては、多少のハイペースで道中が流れたとしても、前に行った馬はなかなか止まりません。たとえ後ろから行った馬が32秒台の強烈な脚を使って突っ込んできたとしても届かないということが頻出します。さすがにサラブレッドの使える脚には限界がありますので、後ろから行ってしまうと物理的に届かない。つまり、勝ちポジが基本ポジションよりも前になるということです。もちろん、前有利をジョッキーたちが意識しすぎてオーバーペースになり、前崩れが起きることもあり得ますが、それでも僕たちが思っている以上に、スムーズに前に行くことのできる馬に妙味があるのです。

上がりが極端に掛かる馬場では逃げ馬を狙え

逃げ・先行馬にとって有利になるコース形態や馬場状態は多いです。展開や各馬の能力に関係なく、明らかにコース形態や馬場状態のみが原因で、単純に前に行っている馬が有利になってしまうケースです。差し・追い込み馬に有利になるケースは案外少ないのに対し、逃げ・先行馬にとってのそれは数多く存在するのです。そのうちのひとつに、上がり時計が極端に速いレースと、また極端に掛かる（遅い）レースでは、逃げ・先行馬が有利になるというものがあります。

たとえば、先ほど話した、開幕週において芝のコンディションが絶好の良馬場は、逃げ・先行馬にとって有利になります。かなりの速いペースで飛ばしているように見えて、実は楽に走れて余力が残っているので、逃げ馬がそのまま逃げ切ってしまう、または先行馬が粘り込んでしまうという光景は良く見られます。騎手たちは多少の無理をしてでも前のポジションを取ろうと馬を出して行き、先行ポジション争いが激化してもなお、前に行った馬たち同士の決着になるのです。このようなレースは、目安としては上り３ハロンが32秒台～33秒台の決着になることが多く、後ろから行った馬たちも伸びていても、それと同じぐらい逃げ・先行馬も伸びる。つまり、前が止まらないレースです。

それに対して、コース形態や馬場状態の影響で、上がり３ハロンの時計が極端に掛かるレースがあります。具体的に述べると、上り３ハロンが36秒台～37秒台の決着になるレースにおいては、逃げ・先行馬もバテていますが、差し・追い込み馬も同じようにバテているため、前が止まらないのではなく、後ろも止まってしまっている展開になるのです。最後の直線で順位の入れ替わりが少なく、そのままゴールになだれ込むため、逃げ・先行馬にとって有利になります。つまり、前も後ろも止まってしまうレースです。

かなり昔の話になりますが、１９９２年の宝塚記念にて、一旦は障害入りした経験のある伏兵メジロパーマーが、圧倒的な１番人気のカミノクレッセを尻目に逃げ切り勝ちを収めました。この結果は、極端に重い馬場が原因となったことは明らかです。勝ったメジロパーマーの上がり３ハロンの時計はなんと39秒8であり、カミノクレッセの上がりも39秒7でした。逃げたメジロパーマーもバテているのですが、カミノクレッセも同様にバテてしまったため、差が詰まることなく、3馬身もの逃げ切りを許してしまったのです。

上がり3ハロンが39秒台のG1レースなど、今では想像もつかないかもしれませんが、実際に僕はこのレースを自分の目で見て、上がり時計が極端に掛かる馬場においては、前に行った馬だけではなく後ろから行った馬たちもバテてしまうことを体感しました。このレースで3着に入ったミスタースペインの石橋守騎手の「最後はどの馬も脚が上がらない状態でした」というコメントがこのことを如実に表しています。まさに最後の直線では全馬が歩いているようでした。最近でこそ、こんなにも上がりが掛かるレースはほとんどなくなりましたが、馬場が悪くなって、極端に上がりが掛かるレースは、前に行った馬にとって非常に有利になるのです。つまり、上がり時計が極端に速いレースと、また極端に掛かる（遅い）レースでは、勝ちポジは基本的なポジションよりも前になるということを覚えておいてください。

トラックバイアス

開催当初は内外均一であった馬場も、レースが行われ、距離ロスをしないように各馬が少しでも内側のコースを走ろうとすると、どうしても内側の馬場、特に３～４コーナーの部分の芝が傷んできてしまいます。そのため、馬場の保護を目的として仮柵による馬場の使い分けをしていますが、この仮柵の移動によって、どうしても馬場の内と外で大きな有利不利が生まれてしまうことが起こります。

たとえば、移動柵を最大９ｍ幅で動かせる東京競馬場と比べて、中山競馬場は最大でも６ｍ幅でしか動かせません。中山競馬場は仮柵を移動することによって、内側からＡ、Ｂ、Ｃの３つのコースが作られます。仮柵を移動する際に、Ａ↓Ｂ、つまり内側から外側に移動する際には、内外それほど差の無い状態に保たれますが、もしＣ↓Ａ、つまり外側から内側に移動すると、仮柵を移動した部分の内側６ｍが絶好の状態の芝（グリーンベルトと呼ばれる）になってしまうため、内を通れる馬とそうでない馬とでは圧倒的な

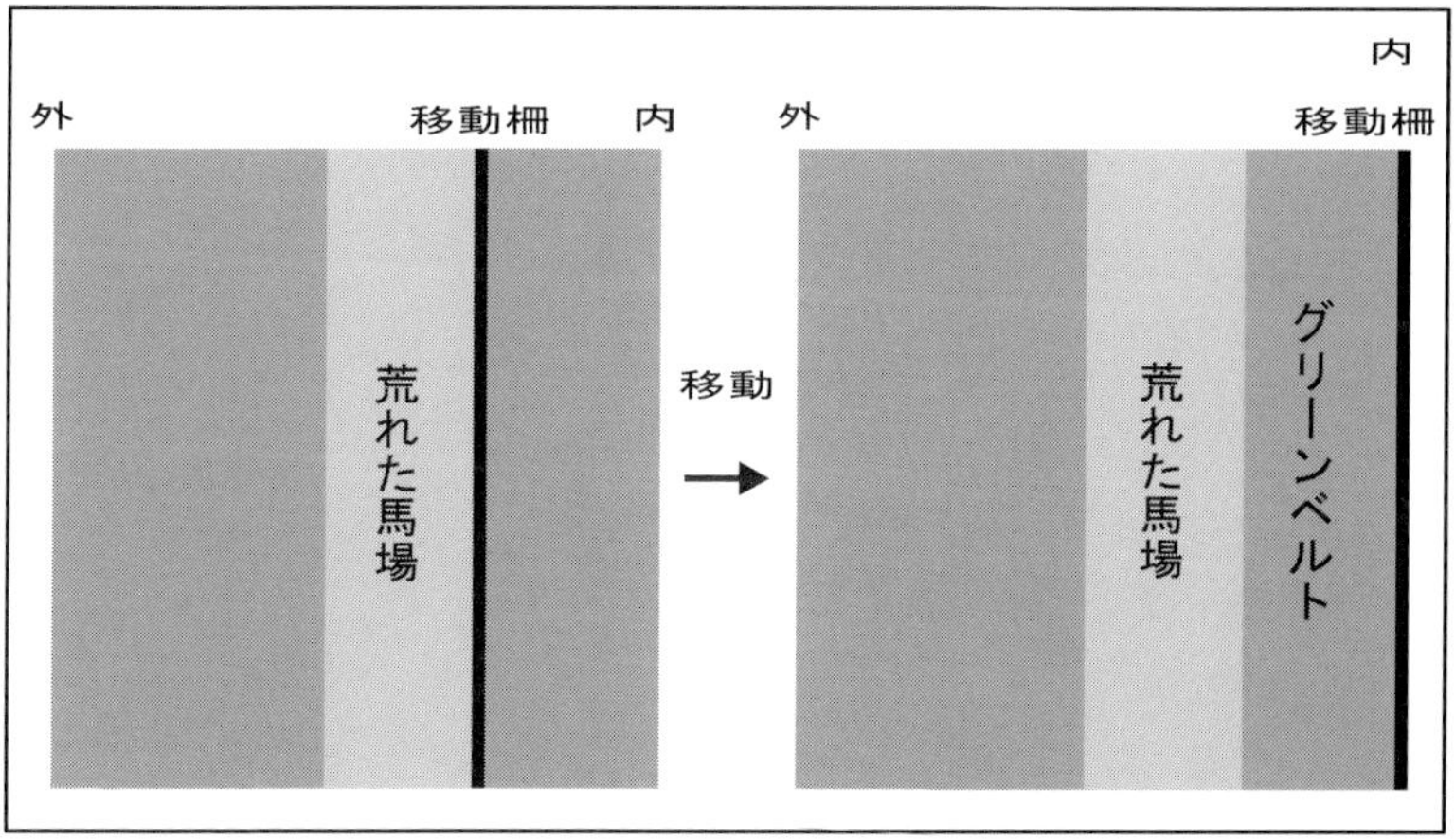

移動柵とグリーンベルトの関係

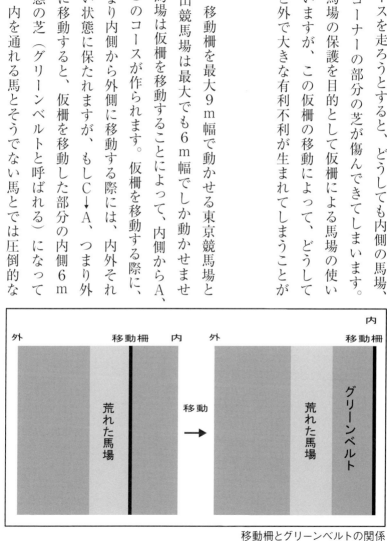

不公平が生じてしまうことになります（前頁図参照）。

1998年の皐月賞では、グリーンベルトによる不公平が問題になりました。2枠3番を引いた横山典弘セイウンスカイは、グリーンベルトの上を通って先行し、そのまま押し切ったのです。一方、1番人気に支持された武豊スペシャルウィークは8枠18番という大外枠のため、終始外を回る羽目になってしまい、3コーナーから強引にまくっていったものの最後の直線ではキングヘイローに差し返されて3着に終わってしまいました。弥生賞を勝った反動や当日プラス10kgの馬体重であったことを考慮に入れても、武豊騎手がレース後に指摘した通り、コースの内外の馬場状態の違いは明らかであり、公平な競馬ではなかったのです。

こうしたことが考慮され、近年の皐月賞はAからBコースへの移動（内側から外側への移動）で行われています。昔はG1レースを一番広いコースで行うしきたりのようなものがありましたが、最近はグリーンベルトを作らないことを優先してコースローテーションを組んでいます。そのため、G1レースでグリーンベルトが生じることはほとんどなくなりました。しかし、その代わりと言ってはなんですが、通常のレースでは内外の差が明らかなケースもあります。馬場を均一に保つために様々な工夫や改善が行われていますが、それでも競馬は毎週休むことなしに開催されるため、馬場の不公平を完全になくすことは難しいのです。

もちろん公平かどうかは当事者にとっての問題であって、予想をして馬券を買う僕たちにとっての馬券が外れたことの言い訳にはなりません。馬券を買う前から内外で差があることは分かっているのであれば、それに対応した予想をすることが必要です。

基本的な考え方としては、極端に内が悪くなければ、内の勝ちポジを外に移動する必要はありません。少しでも内の馬場が傷んでいると外を回すことを選択する騎手がいますが、実際には勇気を持って内を突いた人馬が勝つシーンが多いはずです。現代の日本競馬では、馬場の良し悪しやトラックバイアスよりも、できるだけ前目の内ラチ沿いのポジションを意識する方が勝利への近道になるということです。

中山競馬場と東京競馬場は全く違う競馬場

僕が初めて競馬場に足を踏み入れたのは、東京競馬場でした。入場門をくぐり、顔を上げて、競馬場を見渡した瞬間、これまで見たことのない空の大きさに圧倒されました。他のスポーツの場、たとえば野球場や競技場やスタジアムにはなかった、大きな空が競馬場には広がっていたのです。

テレビの奥にこんな大きな空が広がっていたことに驚き、今の今まで、この歳になるまで、競馬場を知らなかったことを恥ずかしく思いました。こんな素晴らしき世界が広がっていることに、なぜもっと早く気がつかなかったのだろうか。何をやっていたのかと感じたのです。

東京競馬場が僕を虜にしたのとは正反対に、中山競馬場とのファーストインパクトは最悪でした。暮れの有馬記念に中山競馬場を訪れた僕を待っていたのは、ターフの芝の色さえも見えないほどに溢れた競馬ファンの群れと師走の寒さ、そしてレースが終わった後の敗北感でした。最後のひとつは馬券を外した僕が悪いのですが（笑）、東京競馬場との対比において、中山競馬場は暗であり陰というのが最初の印象でした。

それも時間が経つにつれ、競馬がますます好きになるにつれ、中山競馬場の良さも見えてくるようになりました。第4（最終）コーナーを全速力で回ってくるサラブレッドを外の芝生部分から間近に観たときの圧倒的なスピード感や、馬券だけではなく人生も振り返ることのできるオケラ街道、かつては野平サロンがあった故野平祐二氏の自宅など。中山競馬場には中山競馬場にしかない素晴らしさがあります。

僕にとって東京競馬場と中山競馬場の意味が大きく違うように、同じ関東にある中央競馬の競馬場であるにもかかわらず、これら2つの競馬場にはそのコース設定において歴然とした違いがあります。左回りか右回りかという周回の向きの違いに始まり、ゴール前の直線の長さ、コースの幅員（幅）、高低差、コーナーの角度など、同じ要素は少なく、異なる要素がほとんどです。どちらの競馬場でも勝てる馬はポテンシャルが高いということですが、ほとんどの馬にとっては、自身の持っている資質によって、どちらかの競馬場を得意とし、もう一方の競馬場を苦手とすることになるのは当然です。

中山競馬場の大きな特徴のひとつとして、日本の競馬場の中で最も高低差の大きなコースであることが挙げられます。競馬場のアップダウンの最も高いところから低いところまでの落差が芝コースは5・3ｍ（ちなみに、東京競馬場は2・7ｍ、京都競馬場は4・3ｍ、阪神競馬場は2・4ｍ、札幌競馬場は0・7ｍ）。ゴール前の直線入り口が最も低く、1コーナーから2コーナーの丘部分が一番高い。ホームストレッチで丘を上がり、それ以降は下りが続く。芝のマイル以下のレースでは、スタートから下りが続く高速コースとなります。逆に1800ｍ以上のコースでは、丸ごと丘を越えなければなりません。ゴール前200ｍの地点には急坂があり、スタミナの残っていない馬は最終的に振り落とされてしまうのです。

また、中山競馬場の内回りコースでは全てのコーナーがスパイラルカーブですが、外回りコースでは2コーナーと3コーナーが複合カーブとなります。ちなみにスパイラルカーブとは、円のように回っていくカーブであり、複合カーブとは、直線が集まってそれが全体としてカーブになっているものと考えてください。スパイラルカーブで外に振られないように回るためには、どうしてもスピードを落とさざるを得ませんし、器用さが求められるのです。

さらにコースの幅が広く、移動柵を大きく動かせる東京競馬場と違って、中山競馬場はそれほど大きな幅では動かせません。オーバーシード芝に完全移行したことにより、以前ほど芝が

中山競馬場
コースと高低

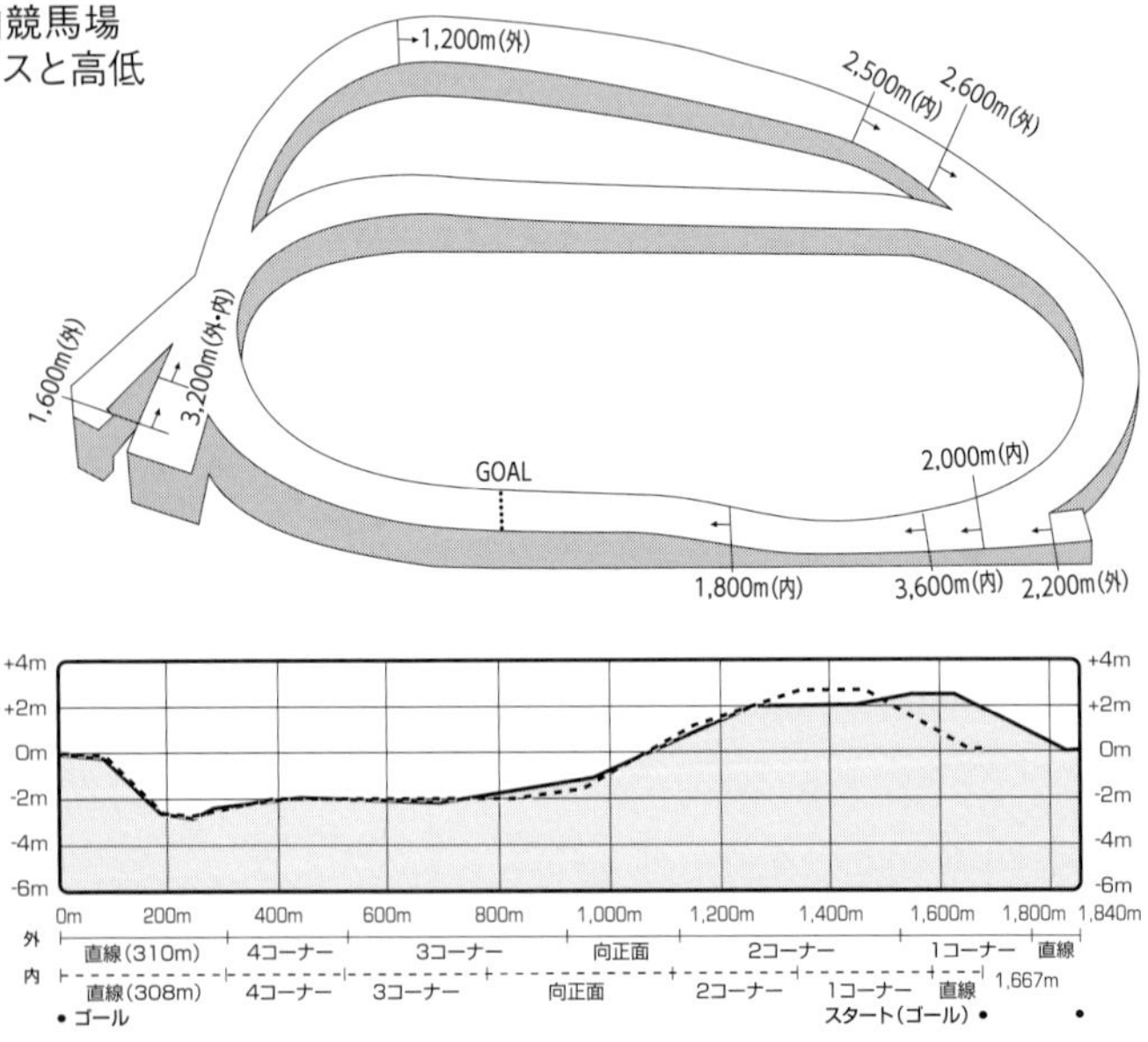

悪くなることはなくなりましたが、たとえ内回りと外回りコースを使い分けても、3～4コーナーの芝はどうしても荒れて力が要る馬場になってしまうことは避けられません。これら以外にも中山競馬場ならではの特性があり、ゆえにサラブレッドに求められる資質も他の競馬場（特に東京競馬場）とは違ってくるのです。

最も単純な馬券のヒントとして、関東の競馬場を中心に馬券を買う競馬ファンは、中山競馬場を得意とする馬が中山競馬場に出てきたら買い、たとえ前走において東京競馬場や他の競馬場で負けていても、中山競馬場が得意であれば前走は度外視して狙うべきです。もちろんその逆も然りです。同じようなことは、京都競馬場と阪神競馬場の関係にも当てはまり、それぞれ

東京競馬場
コースと高低

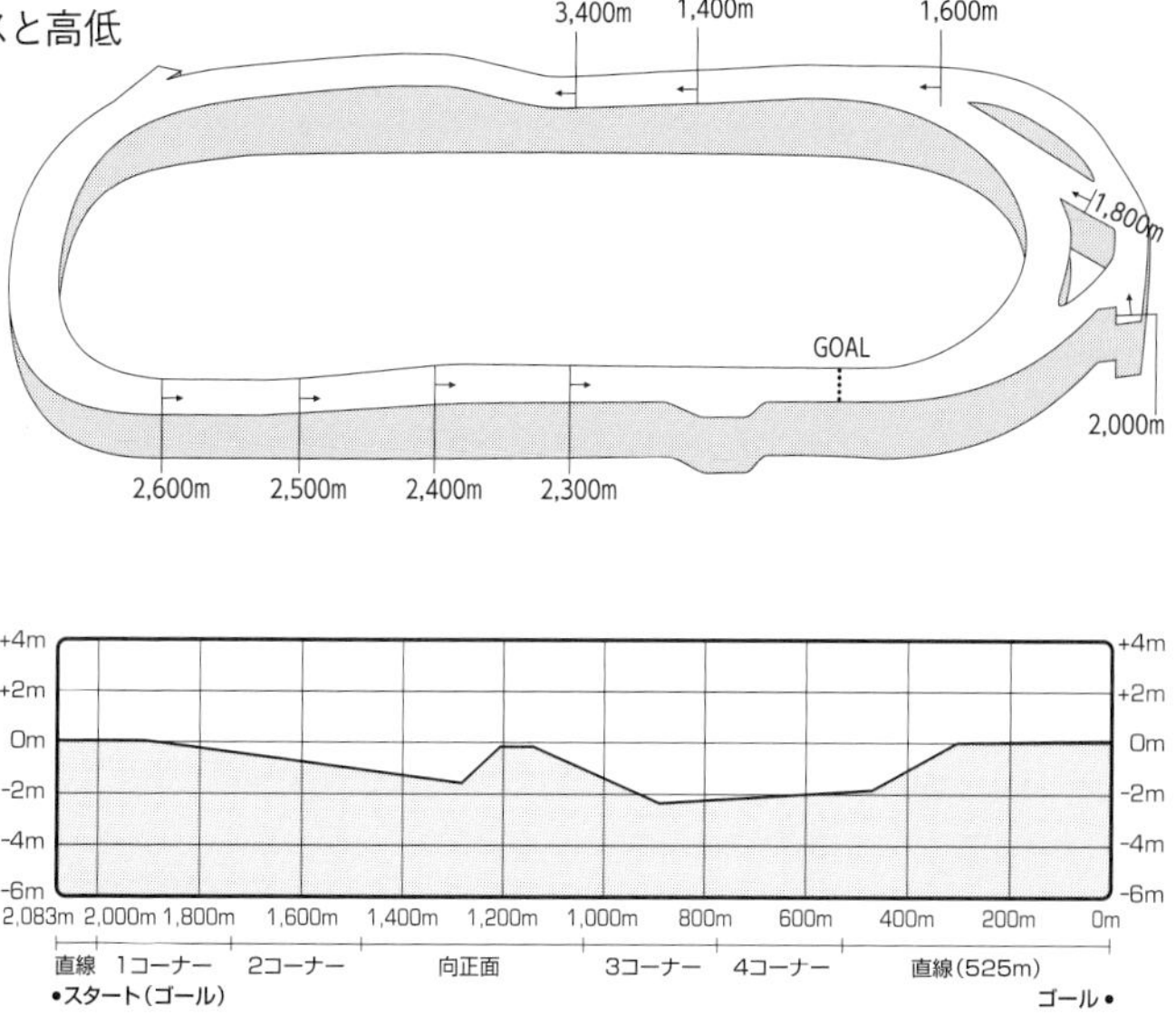

の競馬場のコースや馬場によって、勝ち馬に求められる資質が異なることを頭に入れながら予想をすると面白いはずです。

たとえばウインブライトは、典型的な中山競馬場を得意とする馬です。最後の直線でスピードや瞬発力を競うようなレースではなく、勝負どころからジワジワと動いて、最後の急坂を駆け上がってもうひと踏ん張りするような競馬に滅法強いのです。特に、中山競馬場の芝1800m（内回り）を得意とするのは、後にも述べるように、距離以上にスタミナを問われるコースと

2017年3月19日（日）2回中山7日　天候：晴　馬場状態：良

11R　第66回フジテレビ賞スプリングS

3歳・オープン・G2（馬齢）（牡・牝）（国際）（指定）芝1800m　11頭立

着	枠	馬	馬名	性齢	騎手	斤量	タイム(着差)	人気	厩舎
1	8	10	ウインブライト	牡3	松岡正海	56	1.48.4	5	(美)畠山吉宏
2	7	8	アウトライアーズ	牡3	田辺裕信	56	1/2	2	(美)小島茂之
3	6	7	プラチナヴォイス	牡3	和田竜二	56	1/2	6	(栗)鮫島一歩
4	7	9	サトノアレス	牡3	戸崎圭太	56	3/4	1	(美)藤沢和雄
5	8	11	トリコロールブルー	牡3	M.デム	56	クビ	3	(栗)友道康夫

単勝	10	¥810				
複勝	10	¥250	/8	¥160	/7	¥440
枠連	7-8	¥260				
馬連	08-10	¥1350				
ワイド	08-10	¥440	/07-10	¥1760	/ 07-08	¥1110
馬単	10-08	¥3330				
3連複	07-08-10	¥6670				
3連単	10-08-07	¥34730				

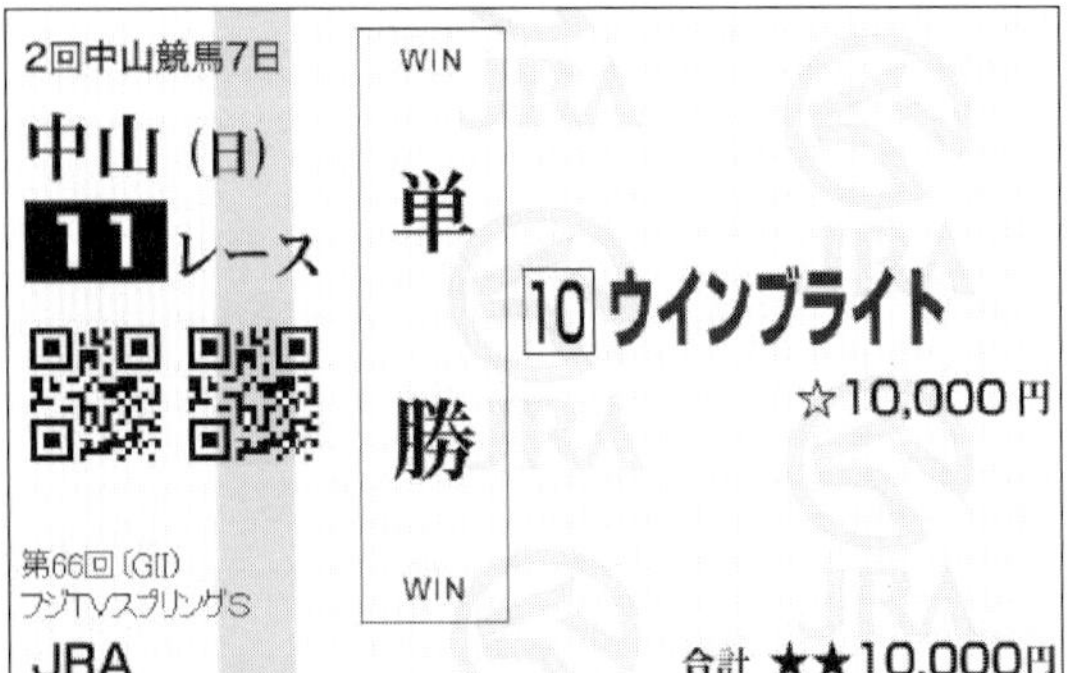

の相性が良いからです。

「小回り」、「スタートしてから第1コーナーまでの距離が短い」、「4つのコーナーを回る」の3点が合わさることによって、距離以上にスタミナを問われる

２０１５年ヴィクトリアマイルの出走登録馬の中にその名前を見て、嬉しく思ったのも束の間、ホエールキャプチャは左前脚に不安を発症してしまい、現役を引退して生まれ故郷の千代田牧場に戻ることが決まりました。ホエールキャプチャは２０１５年で7歳。４歳時にヴィクトリアマイルを制してから、その翌年もハナ差の2着、２０１４年は4着と年齢を感じさせない走りを見せ、ヴィクトリアマイルへの出走はこれで4年連続となるはずだっただけに、実に残念でした。

ホエールキャプチャは、ヴィクトリアマイルというレースの特徴を示唆してくれた馬です。２０１２年、ホエールキャプチャがヴィクトリアマイルを完勝したとき、呆気にとられた競馬ファンも多かったはずです。牝馬クラシック戦線では惜しいところで勝ち切れなかったホエールキャプチャが、いとも簡単にヴィクトリアマイルを勝利してしまったからです。しかも、その前走の中山牝馬ステークスでは見せ場なく5着に敗れていただけに、余計にそう思えたのです。

中山牝馬Sが行われる中山競馬場の芝1800mは、スタミナを問われるコースです。違和感がある人は、上がりの速い競馬にならないコースと解釈してみてください。中山競馬場の芝1800mは、コーナーを4つ回る、内回りのコースであり、上がり3ハロンが35秒〜36秒も掛かる競馬になりやすいです。道中で持続的に脚を使わされるため、ホワイトマズルやオペラハウスを代表とするヨーロッパ型のスタミナ血統が強く、反対にサンデーサイレンスの血を引く、スピードに長けている瞬発力タイプは苦手とします。重馬場や不良馬場になってしまうと、その傾向はより一層強まります。スピードや瞬発力とは正反対の要素である、スタミナと持続力が求められる舞台ということです。

これは中山競馬場の芝1800mに限ったことではありません。代表的なところでは、阪神競馬場の芝2000m、京都競馬場の芝2000m（内回り）です。中山芝1800m、阪神芝2000m、京都芝2000m（内回り）の3つのコース設定は、字ズラの距離以上にスタミナが問われます。別の言い方をするとすれば、スタミナのある馬、もしくはそういう血統的裏付けのある馬が強いのです。

これら3つのコースに共通することは、「小回り」、「スタートしてから第1コーナーまでの距離が短い」、「4つのコーナーを回る」という3点です。これら3つの要素が合わさることによって、距離以上にスタミナを問われる、つまり距離に騙されてはいけない特殊なコース設定が生まれます。

このことが分かれば、ホエールキャプチャがなぜ2011年のローズSを勝利して、1番人気の秋華賞で3着に敗れたのか、または2012年の中山牝馬Sで見せ場なく失速し、次走のヴィクトリアマイルで楽勝したのか、手に取るように見えてくるでしょう。阪神芝1800mと京都芝2000m（内回り）では、距離こそ200mしか違わないのですが、全く別の能力が問われるレースとなり、中山芝1800mと東京芝1600mもまた然り。本質的にはマイラーであるホエールキャプチャにとって、京都芝2000m（内回り）と中山芝1800mコースで行われるスタミナが問われるレースは不向きなのです。ホエールキャプチャは、その走りを通して、競馬場のカラクリを暴いてくれたのです。

特殊なコースにおいては、同じ舞台での好走歴を評価する

世界各国の競馬場に目を向けると、様々な形状をしたアップダウンの激しいコースが数多くありますが、日本の競馬場のコースは基本的に楕円形で、それほど高低差が激しくありません。それで

も、スタートとゴール地点が違えば、内回りと外回りに分かれ、コーナーの角度や数、そしてアップダウンが異なる個性的なコースが生まれます。その中の特殊なコースのひとつとして、たとえば産経賞オールカマーやセントライト記念等が行われる中山競馬場の芝2200m（外回り）は存在します。

スタートしてから第1コーナーまでの直線距離が432mと比較的長く、しかもいきなり急坂が待ち構えているため、無謀な先行争いになることは少なく、落ち着いたペースで各馬は最初のコーナーを回ります。第1コーナーから第2コーナーを頂点として高低差5・5mの坂を登りつつ、向こう正面に差しかかる地点あたりから、今度は一気に坂を下りながらゴールを目指します。そのままスピードを落とすことなく第3コーナー、そして最終コーナーを回り、その勢いでゴール前に立ちはだかる2度目の急坂を登り切ったところがゴールです。スタートからゴールまで、イメージしてもらった方はお気づきかと思いますが、まるでジェットコースターのようなコースなのです。

レース前半から急坂を登ることになるため、スタミナを問われるだけではなく、向こう正面でペースが上がって、そのままゴールになだれ込む地脚の強さも求められます。最後の直線における一瞬の切れ味ではなく、長く続く良い脚を競うことになるのです。日本の競馬場のほとんどのコースで求められる資質（スピードと瞬発力）とは正反対のそれが、勝ち馬に求められる舞台です。

こうした特殊なコースにおいて好走する馬を見極めるために、最も分かりやすい方法は同じような舞台での好走歴を評価するというものです。つまり、中山競馬場の芝2200m（外回り）コースで行われる重賞、セントライト記念やアメリカンジョッキーズクラブカップ（以下AJCC）、産経賞オールカマーにおける実績を参考にするということです。たとえば、産経賞オールカマーを3連勝したマツリダゴッホの戦績を見ると、当然のようにAJCCも勝ってい

2017年9月18日（祝）4回中山5日　天候：晴　馬場状態：良

11R　第71回朝日杯セントライト記念

3歳・オープン・G2（馬齢）（国際）（指定）芝2200m　15頭立

着	枠	馬	馬名	性齢	騎手	斤量	タイム(着差)	人気	厩舎
1	3	5	ミッキースワロー	牡3	横山典弘	56	2.12.7	2	(美)菊沢隆徳
2	4	7	アルアイン	牡3	ルメール	56	1 3/4	1	(栗)池江泰寿
3	2	2	サトノクロニクル	牡3	M.デム	56	1 3/4	3	(栗)池江泰寿
4	8	15	スティッフェリオ	牡3	北村友一	56	3/4	6	(栗)音無秀孝
5	5	9	プラチナヴォイス	牡3	内田博幸	56	1 1/4	8	(栗)鮫島一歩

単勝	5	¥610				
複勝	5	¥150	/ 7	¥110	/ 2	¥160
枠連	3-4	¥340				
馬連	05-07	¥590				
ワイド	05-07	¥240	/ 02-05	¥700	/ 02-07	¥270
馬単	05-07	¥1490				
3連複	02-05-07	¥1150				
3連単	05-07-02	¥7230				

ます。2006年の産経賞オールカマーを勝ったバランスオブゲームはセントライト記念の覇者であり、ヴェルデグリーンは2013年の産経賞オールカマーを制したのちにAJCC馬にもなりました。2012年の産経賞オールカマーの覇者ナカヤマナイトは、AJCCで2着の実績がありました。これらのレースは直結しているのです。

同じ競馬場の同じコースで行われるレースは直結してますが、他の競馬場の同じようなコースで行われるレース同士も直結していると考えるのは、やや乱暴な気がします。やはり、それぞれの競馬場のコースは異なっていて、たとえ似ていたとしても、どれひとつとして同じコースはないのです。基本的には、同じ競馬場の同じコースで行われるレースにおける好走歴を評価するべきでしょう。

2017年のセントライト記念でミッキースワローを本命に推したのは、同じ舞台となる中山競馬場の芝2200mで行われた3歳未勝利戦でかなり強い勝ち方を収めていたからです。血統的にも馬体的にも、そして首のやや高い走法的にも、中山競馬場の芝2200mは合うと考えていましたし、何よりも実際に勝っていることが大きな根拠となりました。

4 調教

厩舎の特徴を知る

競走馬の長所や特性を引き出す、調教についても語らないわけにはいきません。馬券を当てる上で、調教師を筆頭とした厩舎というチームの特徴を知ることはひとつの重要な要素となります。厩舎の特徴とは、その厩舎がどのような馬づくりを目指しているかということです。それは調教のスタイルや方法、ローテーションから外厩先の場所や飼料に至るまで、隅々まで浸透して競走馬に影響を与えます。その競走馬が走った結果を受け、今度は入厩馬の選定や質が変わってくるのです。この馬はうちの厩舎に合っているから入厩させたい、こういう馬に育ててほしいからあの厩舎に入れようなど、厩舎の馬づくりの特徴を中心とした循環が生まれ、その傾向に拍車が掛かってゆくのです。

その結果、同じ厩舎に所属する馬たちは似てきます。たとえば、おっとりした馬が多い厩舎がある反面、気性の激しいタイプの馬が集まりやすい厩舎もあります。また、あの厩舎は短距離が強い、この厩舎はダート戦で活躍する馬を多く出すなど。どの厩舎もその馬の資質に合わせて調教を施しているつもりでも、やはり厩舎の特徴は、濃淡の差こそあれ、長い目で見ると表出してしまうのです。そして当然のことながら、その厩舎の管理馬たちは、同じようなレースで結果を出しやすくなります。

たとえば、阪神ジュベナイルフィリーズは、２００６年から新設された阪神競馬場のマイルコースで行われ、最初の10年間、角居勝彦厩舎の管理馬が2勝、須貝尚介厩舎が2勝、そして松田博資厩舎にいたってはなんと3勝を挙げました（松田厩舎からはハープスターの2着もあり）。美浦と栗東に数ある厩舎の中で、わずか３つの厩舎だけで7割の勝ち馬を出したのです。これを独占と言わずになんと言いましょう。なぜこのような状況が生まれるのか考えてみたいと思います。

入厩馬のクオリティが高いことや長距離輸送がない関西の厩舎であることも挙げられますが、それ以上に、阪神ジュベナイルフィリーズにおいては、調教のスタイルが大きな理由になっていると僕は考えます。たとえば、ブエナビスタとレーヴディソール、ジョワドヴィーヴルの3頭で阪神ジュベナイルフィリーズ最多勝を挙げた松田博資元調教師は、平地のウッドチップコースを中心として調教していました。その管理馬にはベガ、タイムパラドックス、アドマイヤドン、アドマイヤムーンなど、たとえ短距離血統の馬でも、絞り込まれたスリムな体型の馬が多いです。

坂路コースでもスタミナを強化することはできますが、やはり長距離戦向きの肉体やスタミナを養うという点においては、平地コースの方に一日の長があります。脚元に掛かる負担を少なくしつつ、体全体には負荷を掛けながら、長距離馬としての筋肉やスタミナを作っていくという点において、特にウッドチップコースは極めて効果的な調教コースなのです。

血統的、体型的にスタミナに不安のある馬が、ウッドチップコースで調教されたことによって、距離をこなせるようになることもあります。上に挙げたアドマイヤムーンなどは、典型的な例でしょう。3歳時の馬体と、最後のジャパンカップ出走時の馬体を見比べてみると、拳1個か1個半分ぐらいは馬体（胴部）が伸びていました。父エンドスウィープ、母父サンデーサイレンスという血統で、かつ3歳時は胴の詰まった体型をしていた同馬が、最後は2400mのジャパンカップを勝ったのですから驚きです。調教によって馬をつくることができるということの証明でもあり、この年のJRA賞優秀技術調教師に松田博資元調教師が選出されたのも当然の結果でしょう。

ウッドチップコースを長めからじっくりと乗るように調教されることで、競走馬はスタミナがつくだけではなく、スピードを少しずつ上げていく走りも身につけることができるのです。坂路を一気に駆け上がることを繰り返すと、スタートしてからすぐにトップスピードに乗るリズムが刻み込まれてしまいますが、長い距離をじっくりと乗ることによって、道中はゆったりと走り、最後の直線に向いたところでトップスピードになるような走りが可能になるのです。そうした走りを教え込まれた馬こそが、阪神ジュベナイルフィリーズが行われる阪神芝１６００ｍコースの舞台に合っているのですね。

厩舎の特徴＝偏り

厩舎によって、得意とする条件のレースがある一方で、ある特定のタイプの強い馬が誕生しやすい傾向もあります。スプリンターからステイヤーまで、またはダート馬から芝を得意とする馬まで、あらゆるタイプの競走馬を育て上げ、出世させる厩舎は案外少なく、たとえばスプリンターばかり、中距離馬ばかりが活躍する厩舎がほとんどです。その馬の資質に合わせて調教し、バラエティに富んだ強い馬たちを育てたいと願っていても、どうしても偏りが出てしまうのです。

たとえば、ウオッカやヴィクトワールピサ、エピファネイアなどを育てた角居勝彦厩舎から、スプリント戦への出走馬がほとんどいないのは有名な話です。一部の関係者の間では、「角居の１２００嫌い」ともささやかれているそうですが、決してそのようなことはなく、もっぱらマイル戦以上の距離で力を出し切れるような調教を施し、それに合ったレースに出走させているだけのこと。ただ単に馬の持っている能力を引き出すだけではなく、そこに厩舎独自の調教・育成技術を掛け合わせることで、スペシャリストがつくられるのですね。

スプリンターとマイラー以上では育て方が違います。1200mは、短いなりに独特のタメを作れるものの、スタートからゴールまで一本調子でも勝てる。一方、マイル以上では、じわっとしたタメを作らなければ決して勝てない。調教法がガラリと変わってくるのです。

たとえば、サクラバクシンオー産駒であれば、「スタートしてから押してスピードに乗る」というつくり方。すると、そのための従業員教育も必要です。

（中略）

ウチの場合はクラシックを目指す中長距離が基本で、その特徴と血統を持った馬を預からせてもらっていますし、中長距離のための調教が基本です。実績を挙げるなどして「角居は中長距離が得意」と色が付けば、ますますその傾向が強くなる。逆に短距離血統の馬は、その距離で結果を出している厩舎に預けられることになる。自然と、短距離が得意な馬とは縁遠くなってしまう。（「競馬感性の法則」角居勝彦著より）

角居勝彦
競馬感性の法則
競馬の必勝法
それは、馬という動物の本能をよく知ることから
名調教師が明かす競馬の深遠、そして面白さ
小学館新書

厩舎によってそれぞれの調教法や考え方があることに起因し、強い馬を誕生させることによって、その傾向のある血統や資質を持った馬が集まりやすくなり、その偏りはさらに強まります。色がついてしまうと、どうしても縁遠くなってしまうタイプの馬もいるかもしれませんが、厩舎としては色がつかないよりもついた方が良いでしょう。なぜならば、偏りこそが厩舎の強みであり、そのような厩舎からはG1レースで活躍する看板馬が誕生しやすいからです。

ところで、短距離馬と言えばどこの厩舎が思い浮かぶでしょうか。僕にとっては、近年ということに限って言えば、ロードカナロアやカレンチャンといった最強スプリンターを育てた安田隆行厩舎が真っ先に思い浮かびます。僕の記憶に鮮明に焼き付いているのは、2012年のスプリンターズSです。前年の覇者であり、2連覇を賭けて臨んできた1番人気のカレンチャンが満を持して先頭に立ったところを、マークしていたロードカナロアが外から並ぶ間もなく抜き去り、世代交代を示したレース。その後、ロードカナロアは破竹の勢いで高松宮記念や安田記念、そして香港スプリントを連覇して世界の短距離王に君臨しました。こうした世代を超えた同厩舎の管理馬同士によるバトンタッチは、なかなか見られるものではありません。

もちろんこの2頭だけではなく、ダッシャーゴーゴーやトウカイミステリー、レッドオーヴァル、最近ではダノンスマッシュやダイアトニックなど、安田厩舎から続々と登場する名スプリンターたちを見るにつけ、スプリンターにはスプリンターの、ステイヤーにはステイヤーの鍛え方があるのだということを改めて知らされます。普段の馬の接し方から、飼料やトレーニング方法、休ませ方まで、厩舎独自のノウハウがあるのです。そして、これだけスプリンターを育てた実績があれば、スピード豊かで短距離に素質のありそうな馬たちは安田厩舎に入れたいと誰もが考えるはずです。

同厩舎の先輩の背中を見て育つことも

東京オリンピックはどうなるのか今のところ分かりませんが、2016年に行われたリオ・オリンピックの卓球の女子団体で、福原愛、石川佳純、伊藤美誠の3人が銅メダルに輝いたのは記憶に新しいですね。まだ幼い頃から卓球一筋に取り組み、その情熱と技術をオリンピックという大舞台で発揮する彼女たちの姿に目を奪われました。それだけではなく、彼女たちのチームワークの素晴らしさ、お互いに寄せる信頼や尊敬の強さが、地球の裏側から伝わってきて、心を動かされた人々も多かったのではないでしょうか。僕もそのひとりでした。ちなみに僕はショートカット好きなので石川佳純ファンです（笑）。

３人のうち、最年長は「愛ちゃん」こと福原愛で、１９８８年生まれの当時27歳。次が石川佳純で、１９９３年生まれの23歳。最年少が２０００年生まれの伊藤美誠でなんと15歳。まるで３人姉妹のよう。次女の石川も三女の伊藤も、長女の福原にあこがれ、目標として、小さな頃から卓球ボールを打ち続けてきたと言います。そんな３人が一緒に練習し、合宿で生活を共にして、オリンピックに向けてひとつになったのです。同じ時間と場所を過ごすことで、お互いに刺激を与え合い、大きく成長を遂げた結果の銅メダルだと思います。

競馬でも同じようなことがあります。馬は集団性の強い動物であり、周りにいる馬たちに大きく影響を受けやすいのです。強い馬と同じレースで走ることもそうですが、強い馬と一緒に稽古（調教）をすると、その馬も強くなります。たとえ、一緒に稽古をしないにしても、普段の生活を共にするだけで、きちんと歩いたり、人間の指示に従ったりという、競走馬としての振る舞いを自然と学ぶことができます。つまり、同厩舎にどのような馬がいるかによって、良かれあしかれ、周りの馬たちの成長や競走実績さえも左右されてしまうのです。

日本を代表するトレーナーである藤沢和雄調教師は、「馬が馬に教える」と題して、厩舎の先輩・後輩の関係について、著書の中でこう書いています。

厩舎でも先輩の馬が後輩の馬の手本となり、面倒を見て、それが毎年、次の世代に伝えられていく。今、私の厩舎で活躍している馬たち、たとえば5歳のシンボリスウォード、ロードアックス、4歳のスティンガーやマチカネキンノホシといった連中は、タイキシャトルやタイキマーシャル、プレストシンボリ、シャドウクリーク、シンボリフェザードらの先輩馬に誘導されて育ってきた。

（中略）

調教師や厩務員や騎手といったホースマンの仕事の一つは、入厩してきた3歳馬を一人前の競走馬に仕上げることだが、馬は人間からの教育によってだけ成長するのではない。先輩の馬にもさまざまなことを教わる。どちらのウエイトが高いかはわからないが、馬同士の〝教育〟は、われわれ人間が考えているよりもずっと大きいような気がする。

（「競走馬私論」藤沢和雄著）

強い馬がいる厩舎の成績が全体的に上向くのはそういう理由です。また、タイキブリザードがタイキシャトルを育て、タイキシャトルがシンボリインディを育てたように、強い馬がいる厩舎からは、第2、第3の大物が出る可能性が高いです。２０１５年、堀宣行厩舎が11週連続勝利のＪＲＡタイ記録に並んだのは、皐月賞と日本ダービーを勝ったドゥラメンテや安田記念等を勝ったモーリスという強い馬たちが厩舎を引っ張ったからです。モーリスの背中を見てドゥラメンテは育ったのです。もしかすると、そのモーリスの陰には先輩リアルインパクトの存在もあったのかもしれません。

ただ、それだけではないとも僕は思います。先輩が後輩を育てるだけではなく、力をつける後輩の存在もまた先輩を育てるのではないでしょうか。うかうかしていると自分が抜かれてしまうという危機感を抱きつつ、互いに切磋琢磨して新しい刺激を受けることで、先輩も知らずのうちに成長を遂げる。強い後輩と稽古をすることで先輩も強くなるのです。教育は一方通行ではないということも付け加えておきたいと思います。

厳寒期における坂路調教

坂路コースは競馬界に大きな革命をもたらした調教コースです。１９８５年に栗東トレセンに新設されるや、確実に効果を上げ、それまでの関東馬優勢の潮流を一気にひっくり返し、その西高東低の流れは現在に至るまで続いています。一方、美浦トレセンでも１９９３年に坂路コースが新設されましたが、当初から直線部分の短さや勾配などの問題があり、未だ関西馬優勢の流れを変えるまでには至っていません。最近では負荷の掛かる馬場にするなど、少しずつ改善されつつあるものの、Ｇ１を制した関東馬の多くは坂路コースをメインの調教コースとして使っていないのが現状です。

坂路コースのメリットを挙げていけばきりがありません。故障が少なくなる、心肺機能が鍛えられる、引っ掛かる馬を落ち着かせる、運動時間が長くなる、ピッチ走法をマスターできる、トモ（後躯）の強化につながる、頭が低くなる、などなど。これらの利点を生かしつつ、強い関西馬はつくられてきたのであり、また世界に通用する日本馬たちも然り。坂路コースで競走馬を調教することの力は計り知れません。

そんな坂路コースにも、唯一と言ってよいほどのデメリットがあります。冬場の特に厳寒期において、競走馬の馬体を絞るのが難しいことです。その理由を理解するために、平地調教との比較をしてみたいと思います。平地調教と坂路調教の違いは、厳密に言うと、平地調教は有酸素運動的な効果がより多く見込まれるということでしょう。たとえば、ダイエットをするときに、激しい運動を短い時間で行うのではなく、比較的緩やかな運動を長い時間をかける方が効果的だとされますが、平地調教はどちらかと言うと後者の運動です。実際に長い距離を、息を入れながらジックリ時間をかけて調教していくため、その疲労度は高く、馬体を絞る効果もあります。坂路調教はその対極にあり、冬場のレースで、坂路コースで調教された馬が大幅な馬体増で凡走することがあるのは、つまりそういうことです。

２００８年の天皇賞・春を制したアドマイヤジュピタが、同年の日経新春杯で１番人気を背負いながらも4着に凡走したことがあります。このときのアドマイヤジュピタは５１２ｋｇと、前走のアルゼンチン共和国杯からプラス16ｋｇの馬体重で出走してきました。道中はリズム良く追走したものの、最後は息が上がってしまい、失速してしまったのです。いくらひと息入れたとはいえ、前走からのレース間隔は２ヶ月半とさほど開いておらず、この大幅な馬体重増は明らかに太目残りでした。元々アドマイヤジュピタは調教では走らないタイプのステイヤーであり、それに加えて坂路コースをメインに調教されていたことで、思っていたよりも絞り切れなかったのでしょう。数か月後に天皇賞・春を勝つような馬でも、厳寒期に坂路コースで調教された（せざるを得なかった）ことで凡走することもあるのです。

調教で動かないのはステイヤーの証

競馬を始めたばかりの頃、予想をするにあたって、この言葉が関係者から出てきたら買わないという自分の中でのNGワードがありました。たとえば、「前走は度外視」、「気性が難しい」などの言葉が出てくると、その馬は馬券の対象から外したものです。今思えば笑ってしまうぐらい初心者らしい予想法ですが、その中にもひとつだけ真実が含まれていました。それは「調教は動かない」というNGワードです。なぜかと言うと、それは調教において「動き」が悪かったことを示唆しているからです。レースに臨むにあたっての調教で、陣営から「動かない」という趣旨のコメントが出てきた馬は走らないのです。

実は、2016年の日経新春杯のシュヴァルグランがそうでした。栗東のCWコースにおける最終追い切りのタイムは、7ハロン99秒7―13秒6という、オープン馬とは思えない平凡な時計でした。この追い切りを受け、友道康夫調教師は「調教でそんなに動く馬じゃないから」とコメントしました。

厳寒期の調教だけに、坂路ではなくCWコースで追い切った友道調教師の判断は正しいと信じて僕は本命を打ったのですが、それでもシュヴァルグランは調教で動かず、馬体が絞り切れなかったのです。シュヴァルグランは断然の1番人気に応えることができず、レーヴミストラルの鬼脚の前に屈してしまいました。なんとか連対を確保したものの、やや物足りない走りであったことは否めません。

調教で「動かない」ことには、いくつかの理由が存在します。

最も多い理由としては、ただ単純に体調が良くないから。体調の良い馬は手脚が伸びるので、ゆっくり走っているように見えても自然と速いタイムが出るのとは対照的に、体調の悪い馬はフォームにも伸びやかさがなくなり、また精神的にも疲れているため前進意欲に欠ける走りとなります。時計が遅いということではなく、馬の「動き」自体が悪くなるということです。その「動き」を見た陣営は、体調が悪いかもしれないとは口が裂けても言えず、前述のコメントでお茶を濁します。

また、調教で「動かない」ことには、その馬自身の完成度が高くないという理由もあります。競走馬としての体がまだ出来上がっていない、つまり馬体全体に筋肉がつき切っていないため、実戦ではレースセンスの良さでカバーできても、調教で速いタイムを出したり、抜群の動きを披露したりすることが難しいのです。若駒の頃は馬体に芯が入っておらず、調教駆けしなかった馬が、古馬になって馬体が完成するのに伴い、速いタイムが出るようになることも珍しくありません。

その他、調教で「動かない」ことには、年齢によってズブさを増している、蹄鉄が薄くなっている、特定のコースでは動かない、など様々な理由も存在しますが、最も多いのは先に挙げた2つです。いずれにしても、調教で「動かない」馬は走らないのです。「ケイコでは動かない馬だから…」、「元々動かない馬だから…」、「実戦タイプだから…」という調教の動きが悪いことを示唆するコメントが出てきたら、その馬は消しと考えてもよいでしょう。

ただし、ひとつだけ例外があります。それはその馬がステイヤー（長距離を得意とする馬）であるケース。基本的にステイヤーはゆったりとしたフットワークで走る馬が多く、気性的にもおっとりしているので、調教のような短い距離で、速いタイムを出したり、抜群の動きを見せたりすることは少ないのです。

たとえば、僕の中でステイヤーと言うと真っ先に名が浮かぶのがライスシャワーであり、この馬は調教では本当に動かなかったです。500万下の条件馬（現1勝クラス）と併せ馬をしても、食らいついていくのが精一杯という具合。どこにでもいそうな小柄な馬でしたので、もし菊花賞や天皇賞・春を制したという実績を知らずに調教だけを見たなら、走らない下級条件馬だと誰もが認識したはずです。つまり、ステイヤーが調教で「動かない」ことに関しては、その馬の特徴として大目に見るべきなのです。3000mを超えるレースになってくると、ほとんどが調教で「動かない」馬たちであることも珍しくありません。

逆に言うと、調教で「動かない」馬は、もしかするとステイヤーかもしれません。僕はシュヴァルグランの追い切りに関する友道調教師のコメントを聞いて、日経新春杯の馬券については半ばあきらめましたが、心の奥底ではこの馬は距離が延びれば延びるほどに強さを発揮する生粋のス

2016年3月20日（祝）1回阪神8日　天候：晴　馬場状態：良

11R　第64回阪神大賞典

4歳以上・オープン・G2（別定）（国際）（指定）芝3000m・内　11頭立

着	枠	馬	馬名	性齢	騎手	斤量	タイム(着差)	人気	厩舎
1	8	11	シュヴァルグラン	牡4	福永祐一	55	3.05.8	1	(栗)友道康夫
2	6	6	タンタアレグリア	牡4	蛯名正義	55	2 1/2	4	(美)国枝栄
3	2	2	アドマイヤデウス	牡5	岩田康誠	57	3	3	(栗)橋田満
4	7	9	タマモベストプレイ	牡6	バルジュ	56	クビ	9	(栗)南井克巳
5	5	5	マイネルメダリスト	牡8	和田竜二	56	ハナ	8	(美)田中清隆

単勝	11	¥300				
複勝	11	¥110	6	¥140	2	¥130
枠連	6-8	¥570				
馬連	06-11	¥670				
ワイド	06-11	¥260	02-11	¥230	02-06	¥300
馬単	11-06	¥1150				
3連複	02-06-11	¥810				
3連単	11-06-02	¥3310				

テイヤーなのだという想いを強く抱きました。その想いは陣営も同じだったはずです。阪神大賞典や天皇賞・春のような長距離レースでこそ、シュヴァルグランの力は発揮されます。調教で動かないのはステイヤーの証なのです。

5

ステイヤー、短距離馬

ステイヤーのピークは長い

一般的に、ステイヤー（長距離馬）は、一旦調子が上がってくると、調子の良さが長続きします。その反面、体調をピークに持っていくのに、短距離馬よりも時間を要するのです。叩かれつつ調子を上げていくのがステイヤーの特徴ですね。

ステイヤーはのんびりとした気性を有している馬が多い。長距離のレースに行くと、爆発的なパワーやスピードではなく、騎手との折り合いや我慢強さが求められる以上、ちょっとしたことに敏感に反応しているような馬は相応しくありません。たとえ豊富なスタミナがあったとしても、気性的に激しいところがある馬は、長距離のレースには向かないということです。

また、ステイヤーは手脚を伸ばして走る、ストライドの大きな馬が多いため、先ほど話したように、調教でもそれほど速い時計を出すことはありません。気性的にも前へ前へと言うタイプではなく、ゆったりと走る落ち着いた馬が多いため、持ったまま馬なりで走らせると、格下の馬にも先着されてしまうこともあります。ライスシャワーやシュヴァルグランのような真のステイヤーは調教であまり動かないのです。つまり、ステイヤーは精神的にも肉体的にも仕上がるのに時間が掛かり（仕上がりにくく）、その分、調子のピークが長続きするのです。

ステイヤーは叩き2、3戦目を狙え

休み明けの馬を初戦から狙うべきか、それともレースを一度使われてからの次走以降に期待するのかは、競馬ファンにとって永遠の課題です。サラブレッドが1年間を通して競走生活を送る上で、コンスタントに走り続けられることは少なく、どうしても休養や放牧を挟みながらレースを使われます。そうすると、どのレースにもほぼ必ずと言ってよいほど（長期にせよ短期にせよ）休み明けの馬が出走してくることになり、またひと叩きされた馬もいるという構図になります。つまり、休み明けの馬やひと叩きされた馬たちの取捨選択は、競馬の予想をする上で大切なテーマとなるのです。

僕も例にもれず、休み明けの馬の初戦と2戦目以降における好走と凡走を見極める研究をしていた時期がありました。馬体重の推移や厩舎の仕上げの方針、調教タイム、血統など、あらゆる要素が、休み明けもしくは2戦目以降のレースの結果にどう影響を与えるのか、データを参考にしつつも試行錯誤を重ねました。しかし残念ながら、これと言ったひとつの答えにたどり着くことはありませんでした。なぜなら、ひとつひとつの理論は正しくとも、前述したような要素が複雑に絡み合うことで、結果は大きく違ってくるからです。

たとえば、俗に言われている、牝馬や小柄な馬は休み明け初戦から狙うべきという考え方には一理あります。牡馬に比べて牝馬は総じて気性的に勝っている（繊細な）ことが多く、調教の負荷が大きくなるにつれ、レースが近づいてきたことを察知して飼葉食いが細くなり、自然と馬体が仕上っていきます。また、大柄な馬に比べて小さい馬は同じ調教量でも馬体が仕上がりやすく、脚元に対する心配が少ないため調教による負荷を掛けやすい。ところが、血統や厩舎の仕上げの方針等、それぞれの馬によって異なる状況が重なれば、牝馬や小柄な馬でも休み明けに凡走してしまうこともあります。つまり、休み明けの馬やひと叩きされた馬たちの取捨選択に関して、絶対的な理論はないのです。

ただいくつかは真理に近い理論があります。そのひとつにステイヤー（長距離を得意とする馬）は休み明けは仕上がりにくく、1度レースを使われてからの2戦目、3戦目にグッと調子を上げるというものです。ステイヤーは気性的にものんびりとしていて、調教でもゆったりと走るため、速いタイムを出したりすることは少ない。だからこそ、他の馬たちと同じ競馬のサイクルの中で競走をしていると、どうしても使いたいレースに間に合わず、仕上がり切らないまま出走することが多くなります。

ひと叩きされると、調子が確実に上向き、その上昇カーブは緩やかでも長く続きます。同じく休み明けを使われた馬との単純比較をすると、ステイヤーの上昇カーブが他馬のそれをはっきりと上回るのは2、3戦目となるのです。これは牝馬や牡馬を問わず、馬格の大きさとも関係は少ないです。どれだけ休み明け初戦からキッチリ仕上げるスタイルの厩舎であっても、ステイヤーの全能力を初戦から発揮させるのは難しい。なぜならば、ステイヤーとはそういうものだからです。

ステイヤーは叩き良化型であることを僕が教えてもらったのは、２００３年の宝塚記念を勝ったヒシミラクルによってです。10戦目の未勝利戦でようやく勝ち上がり、距離が延びた菊花賞で初めてG1レースを制した典型的なステイヤーでした。押してもムチで叩いてもなかなか前に進んで行こうとしないほどの馬で、1万メートルぐらい距離があってもよいと、競馬ファンの間では半ば冗談で言われもしましたね。

そのヒシミラクルは、3歳の暮れに休養に入り、4歳になってからの休み明け初戦として阪神大賞典に出走して12着と大敗すると、中1週で産経大阪杯を走り7着。もはや能力が足りないのではと誰もがあきらめかけた矢先、休み明け3戦目の天皇賞・春でまさかの復活を遂げ、さらに次走に選んだ宝塚記念をも返す刀で勝ってしまったのです。ここまで体調の変動が激しかったステイヤーも珍しいのですが、ヒシミラクルはステイヤーの仕上がりの特徴を分かりやすく僕たちに示してくれた名馬です。

ステイヤーの馬体

「結婚前は両目を大きく開いて見よ。結婚してからは片目を閉じよ」という聖職者トーマス・フラーの名言があります。結婚前には片目しか開いておらず、結婚してからは両目をつぶってしまった僕にとっては、身に染みるアドバイスです（笑）。僕のことはどうでも良くて、これはステイヤーの馬体を見るときにも当てはまります。ほとんどの馬の馬体を見るときは、両目を大きく開いてしっかりと見なければなりませんが、ステイヤーの馬体を見るときには片目を閉じているぐらいでちょうど良いということです。

そうしなければ、ステイヤーを見誤ってしまうからです。これは人間の長距離走者にも当てはまります。長い距離をゆったりと走ってスタミナを競うステイヤーの身体は、無駄な肉が削ぎ落とされ、パッと見た感じではガリガリに映るほど華奢で細身です。誰かとぶつかったり、強風に吹かれてしまったりすると倒れてしまうのではないかと、こちらが心配になるぐらいに。

それに対して、短距離走者の身体にはしっかりとした筋肉が付いているはずです。特に競走馬のスプリンターにはそれが顕著で、とにかくマッチョで筋肉量が豊富です。筋骨隆々という表現がしっくりくる、いかにもパワーと爆発的なスピードがありそうな馬体。そう、人間も馬も、ステイヤーとスプリンターの身体つきは違っていて当然なのです。

ステイヤーとスプリンターの馬体のどちらが良く見えるかと問われると、スプリンターと即答できます。だからこそ、セリ市などでは短距離馬の方が圧倒的に良く見えて、高く売れるのです。ステイヤーは馬体を決して良く見せないため、本来持っている能力以下に安く買い叩かれてしまうか、売れ残ってしまったりすることが起こり得ます。あのキタサンブラックでさえ、ヒョロっとして頼りなく、なかなか買い手が付かなかったのは有名な話ですね。つまり、ステイヤーは良く見えないということを、よくよく頭に入れてから馬体を見ないと、過小評価してしまうことになります。スプリンターやマイラー、中距離馬らを見るのと同じ基準（ものさし）をそのまま用いてしまうと、本物のステイヤーを見逃してしまうのです。

サンデーサイレンスの後継種牡馬として名をはせたステイゴールドは、馬体を見る限りにおいては、ステイヤーだったのだと思います。現役時代は馬体重も４２０ｋｇ台と軽く、全体的に線の細

ステイゴールド（写真提供：サラブレッド・ブリーダーズ・クラブ）

い牝馬のようなシルエットであり、後躯の実の入りはやや物足りません。何も知らずに見ると、あまり走る馬とは思えない、典型的なステイヤーの馬体です。気性の激しさがあり、中距離を中心に走りましたが、その本質は距離が延びれば延びるほど力を発揮できる長距離走者であったはずです。日本国内ではG1タイトルに手が届かず、ラストランの香港でG1を勝ったのは、力の要る馬場が得意だったというよりは、馬場が重いことによってスタミナが要求されるレースだったということに尽きます。ゴールドシップやフェノーメノ、レインボーラインなど、ステイゴールドの血を引く産駒から、天皇賞・春を勝つような真のステイヤーが誕生したのは当然の結果でした。

短距離馬はピークが短い

次は短距離馬の話をしましょう。単刀直入に言うと、短距離のG1レースでは比較的、若い馬を狙うべきです。スプリンターズSでは4歳馬、高松宮記念では5歳馬が中心となります。短距離馬は競走馬として完成するのが早いため、4、5歳の時点でピークを迎える馬が多いからです。そして、短距離馬のピークは短いです。ここで言うピークとは、絶好調である期間のこと。ピークが長いステイヤーに比べ、短距離馬はピークが圧倒的に短い。ステイヤーを線香花火だとすると、短距離馬は打ち上げ花火のように、華やかに咲いては散ってゆきます。

その理由は短距離馬の精神面にあります。あらん限りの力を感情と共に爆発させることによって速く走ることができるため、短距離馬は燃えやすい気性を有している馬が多い。短距離馬の気性面での燃えやすさは、調教からレースに至るまで、その競走生活を貫きます。普段の生活でもちょっとしたことに敏感に反応してしまいますし、持ったままの馬なり調教でも好時計が出てしまうため、精神的にも肉体的にも消耗が激しく、競走馬としてのピークが短いのです。

しかし、騸馬（セン馬）においてはこの限りではありません。2005年にスプリンターズSがグローバル・スプリント・チャレンジの1戦となるや、サイレントウィットネス（香港）という6歳の騸馬が圧倒的な強さと速さで優勝しました。しかも、サイレントウィットネスは前日追いにおいて放馬し、馬場を1周も余計に走ってしまったにもかかわらずでした。その翌年には、テイクオーバーターゲット（豪州）という、タクシードライバー兼調教師に育てられた7歳の騸馬がまたもや勝利しました。さらに2010年のスプリンターズSをまんまと逃げ切ったのは、ウルトラファンタジー（香港）という8歳の騸馬でした。騸馬は高齢になっても能力が衰えるどころかますます盛ん、そして競走馬としてのピークも長いのです。

日本ではまだ珍しい騸馬ですが、馬産の行われていない香港やシンガポールではほぼ全てが去勢されて騸馬となります。去勢と言うと、気性難の解消が目的と考えられがちですが、どちらかと言うと、それ以外のメリットの方が大きかったりします。具体的に挙げていくと、以下の通りです。

1、体質の改善

2005 年 10 月 2 日（日）4 回中山 8 日　天候：晴　馬場状態：良

11 R　第 39 回スプリンターズS

3歳以上・オープン・G1（定量）（国際）（指定）芝 1200m　16 頭立

着	枠	馬	馬名	性齢	騎手	斤量	タイム(着差)	人気	厩舎
1	7	13	サイレントウィットネス	セ6	コーツィ	57	1.07.3	1	[外]クルーズ
2	2	4	デュランダル	牡6	池添謙一	57	1 1/4	2	(栗)坂口正大
3	6	12	アドマイヤマックス	牡6	武豊	57	1/2	3	(栗)橋田満
4	7	14	マルカキセキ	牡4	福永祐一	57	クビ	7	(栗)瀬戸口勉
5	5	10	キーンランドスワン	牡6	四位洋文	57	3/4	11	(栗)森秀行

単勝	13	¥200					
複勝	13	¥120	/ 4	¥130	/ 12	¥250
枠連	2-7	¥420				
馬連	04-13	¥430				
ワイド	04-13	¥190	/ 12-13	¥500	/ 04-12	¥520
馬単	13-04	¥660				
3連複	04-12-13	¥1180				
3連単	13-04-12	¥3320				

2、中年太りの解消
3、筋肉が柔らかくなる
4、ストライドが大きくなる

体質の改善とは、ホルモンのバランスが変化することで、体質が強くなるということです。体質が強くなるため、多少の厳しい調教を課されてもへこたれなくなりますし、レースが終わった後の回復も早くなります。だからこそ、使えるレースの数も多くなるだけではなく、高齢になっても衰えを感じさせずに走ることができるのです。ジョンヘンリー（83戦39勝）やファーラップ（51戦37勝）、エクスターミネーター（１００戦50勝）など、伝説の騸馬たちは高齢になるまで衰え知らずの走りを披露して、競馬ファンの人気を博しました。

去勢することで、今の僕にとって悩みの種のひとつである、中年太りの解消にもなります（笑）。人間だけではなくサラブレッドも、年齢を重ねるごとに、必要のないところに脂肪がついてきます。自然な現象ですが、運動する（走る）ということにおいては、プラスに働くことは何ひとつありません。特にサラブレッドは首の付け根に脂肪がつきやすく、首でバランスを取って走りにくくなってしまいます。高齢になって急激に走らなくなるのは、このことが原因の場合もあるのです。

筋肉が柔らかくなるというメリットもあります。これもホルモンバランスの関係でしょう。筋肉が柔らかく、傷みにくくなるため、故障が少なくなります。そしてもうひとつ、ストライドが大きくなることにもつながります。ストライドが大きくなる主な理由は、邪魔をするモノがないためです（嘘のような本当の話ですが）。イギリスの障害馬に騸馬が多いのは、去勢することで少しでもストライドを大きくするためだそうです。

まとめておくと、短距離馬はピークが短いのですが、騸馬に限ってはそうではなく、高齢まで活躍し続けることができることを覚えておきましょう。

距離適性は変化する

サラブレッドには距離適性があります。距離適性は各馬の体つきや筋肉の質、また気性によっても異なります。短い距離を得意とするスプリンターから、長距離でこそ良さが生きるステイヤーまで、それぞれに適した距離で走ることで自身の持つ能力を最大限に発揮することができるのです。馬は自分で距離適性を主張することができないため、競走馬にたずさわる関係者たちの重要な仕事のひとつに、距離適性を見極めることがあります。しかし、競走馬の距離適性は実は一定ではなく、時間の経過に伴って変化していくものです。

「以前は薄手の体形でしたが、成長するにつれて筋肉が付いてガッシリとした短距離向きの体に変わってきました」とは、2005年の高松宮記念を勝ったアドマイヤマックスを管理していた橋田満調教師の弁です。

アドマイヤマックスの戦歴を振り返ると、まず1600mの新馬戦を勝ち上がり、2戦目にして1800mの東京スポーツ杯2歳Sを快勝しました。続いて2000mのラジオたんぱ杯2歳Sで惜敗（3着）した後、骨折が発覚して3歳の春を全休します。秋は2200mのセントライト記念で復帰し（2着）、3000mの菊花賞にも出走して2番人気に支持されたこともあります。

3歳までの戦績だけを見れば中長距離馬の使われ方ですが、4歳になってからは1600mの安田記念を皮切りに、マイル以下の距離を使われ、6歳にして1200mの高松宮記念で念願のG1タイトルを手に入れました。

このように、成長するにつれアドマイヤマックス自身の距離適性が変化していたことが分かります。短距離向きの筋肉が付いてきたことにより、持久力が必要とされる中長距離のレースには向かなくなってしまったのです。2、3歳時のアドマイヤマックスと古馬になってからのアドマイヤマックスでは、同じ馬でも違う馬なのです。

ここでは「成長」という表現をしていますが、距離適性は「年齢」と共に変化すると言った方が正しいかもしれません。たとえば、齢を重ねるごとにその馬の血統的な肉体面が強く出てきますので、長距離が得意になったり、反対に短距離の方がレースをしやすくなったりします。また、気性面が落ち着いたことにより、長距離でも折り合いが付くようになったり、逆に我慢が利かなくなって短距離でしか力を出せなくなったりするのです。距離適性が変化するのは、成長のみによってだけではありません。

逆に言うと、若駒の時点で、その馬の距離適性を決め付けてしまうのは危険であるということです。短距離向きの血統の馬でも、馬体が緩い（成長しきっていない）ため、距離をこなせたりすることも少なくありません。イスラボニータは本質的にはマイラーでしたが、若駒の頃は馬体に緩さがあったことで、芝2400mの日本ダービーでも2着することができました。また、スタミナはあるけれども、気性が若くて折り合いが付かず、長距離のレースでは凡走してしまうこともあるでしょう。距離適性は年齢と共に変化することを知っておいて損はないはずです。この馬の距離適性はこうと決め付けることなく、各馬の距離適性の変化に合わせて、僕たちの認識も変えていかなければならないということですね。

6 リズム

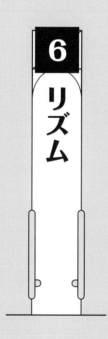

走るリズム

距離適性と近い話ですが、競走馬にはリズムというものがあります。どれぐらいのスピードで走るか、という体内時計と言い換えてもよいでしょう。気性が前向きな馬は他馬よりも前へ前へと、のんびりとした性格の馬はゆったりと走るように、それぞれの馬が持って生まれたリズムがあるのです。一方では、調教で教え込まれたり、競馬のレースを経験するうちに自然と身に付いてしまうリズムもあります。それらのリズムが相まって、競走馬のリズム（体内時計）は刻々と変化してゆくのです。

競走馬の後天的なリズムは、デビューしてから2、3戦目までのレースに大きく影響されます。特に新馬戦でどのような距離のレースを使ったかは、その馬の将来を決めてしまうと言っても過言ではありません。もし同じ素質を持った馬が1200m戦でデビューしたとすればスプリンターかマイラー、1800m戦でデビューしたとすれば中長距離馬へと成長するのではないでしょうか。それぐらい走るリズムが刷り込まれやすい時期であり、関係者たちはレース選択には気を遣うべきです。単にメンバーが弱そうだからと言って、スタミナを内包している馬を1200m戦でデビューさせるなんてことをしてはならないのです。

あのシンボリルドルフが1000m戦でデビューする際に、故野平祐二調教師が「距離は1000mだけど、1600mのつもりで」と告げ、岡部幸雄元騎手も「分かりました」と答え、実際にシンボリルドルフをマイル戦のリズムで走らせ、見事に1000mのデビュー戦を勝たせてしまったと言います。これはシンボリルドルフだからこそできた芸当で、良い子は真似してはいけません（笑）。

シンボリルドルフ新馬戦

ほとんどの馬にとって、デビューしてから2、3戦目まで、特に新馬戦における、調教ではなく本番における極限の体験の影響は大きいです。肉体的にも、精神的にも、走るリズムが深く刻み込まれます。若駒の頃に目先の勝利を優先してしまったばかりに、その馬の距離適性を狭めてしまったケースも少なくありません。僕たちがその馬の距離適性を測るとき、デビュー戦の距離を見てみることはひとつの指標となるはずです。

競走馬のリズムは、短期的には前走のレースに影響されます。新潟競馬場で行われる直線1000mのレースを例に、リズムの変化について説明します。直線1000m競馬にはコーナーがなく、スタートからゴールまで、スピードに任せてがむしゃらに走るレースを強いられます。馬は記憶力が良く、習慣性の強い動物だからこそ、次走も同じようなリズムで走ろうとして、これまでにない抜群の行きっぷりとなるのです。

たとえば2008年のアイビスサマーダッシュを制したカノヤザクラは、次走のセントウルSでは4、5番手を進んで連勝を飾りました。それまでは後方から末脚を生かす競馬が多かった馬だけに、セントウルSにおける行きっぷりの良さには誰もが驚かされました。ちなみにカノヤザクラは、その前年（2007年）はアイビスサマーダッシュを使うことなくセントウルSを走りましたが、道中は10番手を進み、直線では差して来たものの、抜群の手応えで2番手を進んだサンアディユには及ばず2着でした。そのサンアディユは、前々走でアイビスサマーダッシュを走って勝っていたのですから、直線1000mを走ることがどれだけスプリンターの走るリズムに影響を与え、行きっぷりの良さを引き出しているか分かるでしょう。

競馬のレースが出走馬それぞれのリズムの集積である以上、馬券を買う僕たちは、その競走馬が本来どのようなリズムで走る馬であり、これまでどのようなリズムで走ってきて、そしてこの先どのようなリズムで走ることになるのかを常に意識しながら、予想しなければならないのです。

馬具装着などでリズムが変わる

直線1000mのレースを使ったことで行きっぷりが良くなるのはひとつの例ですが、環境の変化や何らかの外的な刺激を受けたことで、競走馬の気持ちがリフレッシュされたり、走ることに対して前向きになったりと良い方向に変わることがあります。たとえば、海外遠征を経験したことで馬がどっしりと落ち着いたり、障害レースを使ったことで精神的にリフレッシュされたり、道中ゆっくり走れるリズムを覚えたり、ジャンプの練習をしたことでトモの筋肉が強くなったりする馬もいます。昔、障害レースを2戦走ってから平場に戻ってきて、宝塚記念と有馬記念の2つのG1レースを勝ったメジロパーマーという馬がいましたね。

もっと身近な例で言うと、馬具を新たに装着することが刺激となって馬が変わることがあります。チークピーシズやブリンカー、パシファイアーなどを着けたことで、またはハミを変えたことで、急に馬が変わって走ることがあります。たとえば、2019年のアイビスサマーダッシュを勝ったライオンボスは、直線1000m戦のリズムが合っていたこと

シャドーロール

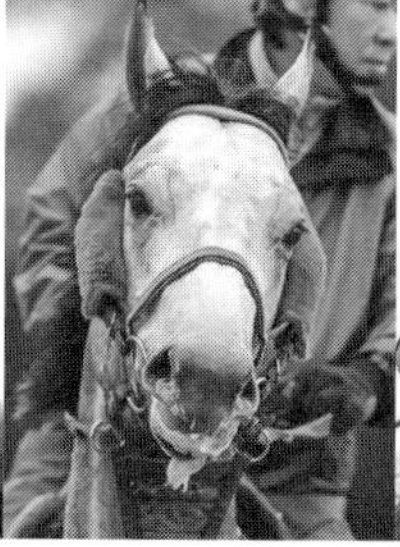

チークピーシズ

パシファイアー

ブリンカー

（写真提供：週刊 Gallop）

も確かですが、チークピーシズの装着によって大きく変わりました。チークピーシズとは、頬（チーク）の部分に装着する馬具で、素材はシャドーロールと同じものです。後方への視界を遮るため、周りを気にしたり、怖がったりして集中できない馬をレースに集中させる、浅いブリンカーとほぼ同じ効果が見込まれます。２００２年のジャパンカップでイギリスのストーミングホームが着けていたことが話題になり、日本でも少しずつ普及し始め、最近ではオープン馬でも装着してくることが珍しくなってきています。２０１９年の邁進特別で初めてライオンボスはチークピーシズを着けてレースに臨み、スタートからゴールまで周りを気にすることなく集中して走り、15番人気（単勝98・1倍）の大穴を開けました。

チークピーシズは、ブリンカーと違って、事前に装着の届出をしなくてもよいため、そのときの馬の状況に応じて使うかどうかの判断ができます。枠順や馬場状態に応じて装着の判断ができ、極端に言うと、当日パドックでの馬の様子を見てから、着けたり外したりすることも現状では可能なのです。たとえば、当日、馬に気合いが乗りすぎていて、チークピーシズを着けたままだと行きすぎてしまうと判断すれば外すこともできるし、また初コースなどの理由で周りに気を遣ってしまっていると思えば着けることもできます。このように状況に応じて装着の判断ができるのは、陣営にとっては大きな安心材料となります。そのため、ブリンカーではなくチークピーシズを使う陣営が増えてきているのです。

ひとつだけ懸念材料と言うかデメリットもあって、馬具は初めて装着するときの効果が最も大きい（良い意味でも悪い意味でも）ということです。初めてブリンカーやチークピーシズを使う馬が、刺激を受けたことによりまさかの激走（または凡走）をすることがあります。しかしその効果は、馬が馬具に慣れてしまうことにより、次第に薄くなっていきます。チークピーシズを装着することで、周りを気にすることなく、レースに集中して走ることができるようになったとしても、その効果はそれほど長続きしないと考えた方が良いですね。馬が本質的に変わったわけではないので、そこが馬具の弱点でもあります。

僕たちは、走ったレースや馬具の装着などによって、馬のリズムが大きく変わるタイミングを逃さないことが大切です。競走馬のリズムの変化を見越して、先取りすることで、美味しい当たり馬券を手にすることができるはずです。できれば変化が起こる前がベストですが、せめて効果が残っている２戦目の前には変化に気づき、予想に反映することができると良いですね。

「馬優先主義」的、新馬戦の見かた

作曲家の坂本龍一氏は、「自分のやっていることの98％は10代に吸収したことでできている」と娘に宛てた手紙に書いたそうです。98％まではいきませんが、僕の競馬に対する考え方や知識なども、実は10代の頃に身につけたものがほとんどであり、その多くをミスター競馬と呼ばれた野平祐二氏、日本を代表するトップジョッキーであった岡部幸雄元騎手、そしてタイキシャトルなどの名馬を育てた藤沢和雄調教師という人物たちに大きく影響されています。彼らが語った言葉やその著作を通し、僕は競馬を学んだのです。

岡部幸雄元騎手が提唱した「馬優先主義」は、私の心を大きく揺り動かしただけではなく、競馬関係者や競馬ファンの間にも深く広く浸透していきました。今となっては当たり前の考え方ですが、当時は馬や競馬に対する見方が１８０度変わったような気がしました。馬を中心に全てを考えてよいのだ、馬を尊敬・尊重すべきなのだと。世界中の競馬場に行って騎乗し、またシンボリルドルフなど数々の名馬の背に跨がり、育てた岡部幸雄元騎手の言葉には重みがありました。

数々の名馬の新馬戦の手綱を取った岡部幸雄元騎手は、こう語っています。

「僕が思う新馬戦の一番の目的は、とにかくスムーズに競馬をさせることである。いろんなトラブルをなくして、ごく普通にゲートに入って、普通に出て、レースの流れに乗って回ってくる、というのを僕自身一番に心がけている。

（中略）

だから最初、馬に嫌な思いをさせないことが、まずは大切なのである。馬は、嫌なことは生涯忘れずに覚えている習性がある。若駒の頃に他馬とぶつかったり、ステッキで何度もたたかれたりすると、後遺症にもなりかねない。そういうことになっては、今後のために困る。だが、実戦になると、普段やっていない実戦でしか出来ない場面というのに数多く遭遇するものだ。そういう時に、いかに本人にショックを与えないでうまく切り抜けられるかが、ひいてはその後の競走にもつながるのである。

もちろんレースだから、勝つに越したことはない。でもそこで、勝つために無理を強いて精神的なダメージを与えてしまうのと、１回目はダメでも、徐々にレースを覚えていくのとでは、長い目で見た時に成績も雲泥の差が生じてくるだろう。馬は１回走って終わりではない。新馬戦だけが勝負ではない。（中略）だから、バブルガムフェローだって1戦目は負けているし、ジェニュインもそう。まあ、タイキシャトルなんかは珍しくいきなり勝ったのだけど（笑）、僕が乗った馬は大体、新馬戦では負ける。楽勝する馬なんか、まずいないと思ってもらっていい（笑）。

新馬戦から勝つに越したことはないが、勝ち負け以上に大切なことがある。レースで走ることを楽しいとまでは思えなくても、嫌なものではないと思えること。そして、実戦を通し、レースではどのようなことが起こり、どのように走るべきなのかを教わることである。新馬戦で経験したことや感じたこと、また教えてもらったことは、馬にとっては大切な宝物になる。無事にデビューを果たすとはそういうことであり、その上で勝ち負けに加わり、レースに勝利することができればなおさら良い」

（「勝つ馬の条件」岡部幸雄著　日本文芸社より）

デビューしてから2、3戦目まで、特に新馬戦において、そして調教ではなく本番における極限の体験の影響は大きいということです。一口馬主やPOGなどで自分の出資馬や指名馬を応援していると、ついついデビュー戦から勝利してほしいという期待が勝手に高まってしまいますが、必ずしも新馬勝ちが良いことばかりだとは限らないのです。勝ち負け以上に大切なことがあるのですね。

また、岡部幸雄元騎手は、週刊「Ｇａｌｌｏｐ」における戸崎圭太騎手との対談にて、欧州のジョッキーと日本の騎手の意識の違いを挙げて、新馬戦のひとつの見方を提示してくれました。少し長くなりますが引用させてもらいます。

岡部幸雄元騎手（以下敬称略）
（欧州では）特に若い馬は大事に育てる意識を持っている。そういう意味では、日本は新馬戦からバンバン打つし、あれでは馬は育たない気がするよね。そのあたり、ルメールは本当に打たない。古馬でもそうだけど、最後の最後までステッキは取っておく。だからこそ効くんだよね。だからボクは、若い子にムチは使えば使うほど走らなくなるって言うんだけれど、そのあたりはどう？

戸崎圭太騎手
確かに慣れはありますよね。

岡部　そう、前回3回打ったら、今度は5回打たなければいけなくなる。そうなると次はもっと…。彼らは欧州にいた頃からそれを教え込まれて、日本に来てからもそれを実践している。だから、彼らの乗る馬は古馬になってから目に見えて良くなっていくよね。もちろん、いい馬に乗っているわけだけど。

ムチを使えば使うほど走らなくなるとまでは僕も考えていませんでした。なるほど、耐性や慣れが生じてしまうため、ムチは次第に効かなくなるのですね。つまり、若駒の頃からステッキで叩かれすぎた馬は、勝負所での反応が悪くなり、古馬になってからますます走らなくなってしまうということです。対して、できる限りにおいてステッキを使わずに我慢して育てた馬は、古馬になってから力を出し切れるようになります。

そう考えると、新馬戦から2、3戦目までは特に、レースで打たれるステッキの回数にも注目しなければならないでしょう。勝ち負けは重要ですが、その先々のレースへつながる布石として、どれだけステッキを使われたか、または叩かれずに走ったかも知っておくべきなのです。

ちょうどこのことについて週刊「Gallop」誌上で書いた2017年のフィリーズレビューでは、新馬戦からステッキであまり叩かれることなく、欧州のジョッキーに育てられたことを根拠として馬券を買ってみました。最も近かったのは、新馬戦と未勝利の2つのレースにおいてミルコ・デムーロ騎手が跨ったカラクレナイでした。新馬戦ではムチ2発で4着、未勝利戦では1発だけで勝ち上がりました。前走は川田将雅騎手に手綱を委ね、ムチ4発を使って追われましたが、ゴール前は耳を立てる余裕のある勝利でした。フィリーズレビューでは再びデムーロ騎

2017年3月12日（日）1回阪神6日　天候：晴　馬場状態：良

11R　第51回フィリーズレビュー

3歳・オープン・G2（馬齢）（牝）（国際）（指定）芝1400m・内　18頭立

着	枠	馬	馬名	性齢	騎手	斤量	タイム(着差)	人気	厩舎
1	8	16	カラクレナイ	牝3	M.デム	54	1.21.0	2	(栗)松下武士
2	7	15	レーヌミノル	牝3	浜中俊	54	1/2	1	(栗)本田優
3	7	13	ゴールドケープ	牝3	丸山元気	54	1 1/4	6	(栗)荒川義之
4	3	6	ジューヌエコール	牝3	北村友一	54	2	3	(栗)安田隆行
5	6	11	ヤマカツグレース	牝3	国分優作	54	1 1/4	11	(栗)池添兼雄

単勝	16	¥380				
複勝	16	¥140	/ 15	¥110	/ 13	¥310
枠連	7-8	¥390				
馬連	15-16	¥450				
ワイド	15-16	¥220	/ 13-16	¥1330	/ 13-15	¥550
馬単	16-15	¥1070				
3連複	13-15-16	¥2220				
3連単	16-15-13	¥9570				

手に手綱が戻ってきたのです。レースでは計4発のステッキが使われ、ゴール前ではのちの桜花賞馬となるレーヌミノルを捕らえ、見事に快勝したのでした。

7 逃げ馬

本番前に逃げてはいけない

2016年の札幌記念でネオリアリズムを勝利に導いたクリストフ・ルメール騎手は、「ジョーカーカードを切った」とレース後に語りました。それまで差す競馬をしてきた同馬を突然に先頭に立たせ、そのまま逃げ切らせてしまったのです。モーリスやヌーヴォレコルトなど強い馬たちがいる中、どうすれば勝てるのかを考え抜いた末の戦略だったのではないでしょうか。その日は家族を競馬場に招いていたようで、何としても勝ちたかったのでしょう。これだけを見れば、ネオリアリズムの快勝劇、またはルメールマジックのようですが、実はそれだけではありません。ジョーカーという表現に示唆された真実について、もう一度考えてみましょう。

ジョーカーとは、トランプの中に含まれる特別なカード。ゲームによってその役割は異なりますが、ほとんどの場合、ワイルドカードとしての万能性を持ち、最高の切り札として用いられます。ここぞという場面で使うと最大の効力を発揮するため、最後の局面まで手元に残しておくことが多いのです。その反面、一度使うと、しばらく（もしくは2度と）用いることができなくなってしまうという怖さもあります。使う局面を間違うと、せっかくのジョーカーが無駄になったり、次の局面を悪くしてしまうこともあります。ジョーカーは使い方が難しいのです。

ルメール騎手が競馬の逃げをジョーカーにたとえたのは、まさに逃げることは最高の切り札であり、かつその効果は一度しか有効でないことが多いからです。ここでの逃げるとは、突然逃げることを意味します。普段は控えて競馬をしている馬やこれまで一度も逃げたことのなかった馬が先頭に立つ、誰にも予期されなかった逃げのことです。

なぜ突然の逃げがジョーカーになるのかと言うと、いくつかの理由が考えられます。ひとつはマークされにくいということ。予期せぬ展開になることで、他の騎手たちが突然に逃げた馬をどこまで追いかけるのか迷い、脚を測りかね、困惑しているうちに、あれよあれよといううちに逃げ切られてしまうのです。もうひとつは、突然逃げた馬も戸惑うため、物見をしたりして、いつもは力んで引っ掛かってしまう馬がリラックスして走ることがあります。馬群の中にいるときのようなプレッシャーもなく、自分のペースやフットワークで伸び伸びと走ることができるのです。そうして思わぬ力を発揮した結果として、逃げ切り勝ちにつながるということです。

しかし、突然の逃げも1度しか使えないことが多いです。言葉遊びのようですが、突然に逃げるからこそ有効なのであり、次も逃げるとすれば、それは予期された逃げになります。一度逃げ切ってしまうと、次からはマークされるべき存在になり、前走のような楽なペースでは逃がしてもらえず、後続も早めに捕まえに来るでしょう。だからといって、次は控える競馬に戻そうとすると、今度は馬が馬群に入るのを嫌がったり、行きたがったりすることになります。前走で自分のリズムでプレッシャーも受けず、気持ち良く走ることを知った馬が、次も同じように走りたいと思うのは当然でしょう。一度、先頭に行かせてしまった馬に、再び我慢を強いて差す競馬を教えるのは時間が掛かるのです。

つまり、ジョーカーを切るタイミングとしては、狙いを定めている本番のレースが相応しいということです。ジョーカーは一度きりしか成功しませんので、間違っても本番前に使ってしまってはならないのです。

逃げ馬が勝つ条件

競馬は前に行ける馬の方が圧倒的に有利です。その反面、レースのレベルが高くなるほど、逃げて勝つことは次第に難しくなっていきます。なぜなら、逃げ馬は自然と他馬の目標になってしまうからです。レースで目標になってしまうと、道中は楽に走らせてもらえないばかりではなく、勝負どころでは手応えのある他の馬が次々と襲い掛かってきます。余程の力差がない限り、逃げ馬は常に厳しいレースを強いられてしまうのです。

だからこそ、本当に強い馬は逃げて勝つ馬だとも言えます。とはいえ、ミホノブルボンやサイレンススズカのような強い逃げ馬ばかりではない以上、逃げ馬のレースにおける勝ち負けは、自分の実力の外にある何かによって支配されることは避けられません。そこで、逃げ馬が逃げ残るための３つの条件を挙げてみます。

①人気がない
②突然逃げる
③トップジョッキーが乗った人気馬が差し馬

「人気がない」は基本中の基本ですが、人気がなければ、他馬から目標とされることが少なく、それだけマークも緩くなるということです。〝あの馬を逃がしたら勝たれる〟と思われれば、必要以上に競りかけられたり、早めに捕まえに来られたりしますが、〝どうせ最後までもたない〟と思われれば、楽に逃がしてもらえます。たとえば、２０１８年のエリザベス女王杯を９番人気で２着、２０１９年のエリザベス女王杯は７番人気で２着したクロコスミアは、典型的な人気がない逃げ馬の逃げ残りでしたね。逃げ馬の着順は、力の有無というよりは、人気による騎手の共通意識が創り上げていると言っても過言ではないでしょう。つまり、人気がないことを確認してから、逃げ馬を狙うべきなのです。

「突然逃げる」は前もって予測するのが極めて難しいのですが、逃げるはずではなかった馬が逃げたり、これまで逃げたことのなかった馬が逃げたりしたときほど、逃げ残る確率が高いです。また、2009年エリザベス女王杯のクィーンスプマンテ（11番人気1着）のように、あっと驚く大逃げを打ったときも同じです。想定外の馬やペースで逃げた場合、その馬をマークするかどうか、追いかけるかどうかという騎手の共通意識が働きにくいからです。各ジョッキーが他の騎手の動きをうかがっている内に、あれよあれよと言う間に逃げ粘ってしまうのです。

「トップジョッキーが乗った人気馬が差し馬」は、レースで目標とされやすい騎手が人気馬に乗るとすれば、その馬は徹底的にマークされることは間違いありません。本来であれば、逃げた馬との距離やペースを目安にして仕掛けるところを、トップジョッキーが乗る人気馬に合わせて追い出すことになります。そして、それが差し馬（後ろから行く馬）だとすると、騎手の共通意識の重点は後ろへと傾きます。前を向いてレースをしていても、意識は後ろという感覚です。トップジョッキーが騎乗した2、3頭の人気馬が後ろで牽制し合ったときなどは、他のどの騎手も最後まで自ら動けないという金縛り状態に陥ってしまうこともあります。２０１６年の札幌記念はまさに、ジョアン・モレイラ騎手が乗ったモーリスが壁になってくれたことで、ネオリアリズムの逃げが盲点になったということですね。

ここに挙げた３つの条件のうち、ひとつでも当てはまるものがあれば、その逃げ馬は実力以上に好走する可能性が高いです。もちろん、条件が重なることがあれば、その馬が逃げ残る状況は整ったと言ってもよいでしょう。にもかかわらず、その逃げ馬は相変わらず人気がないため、僕たちは案外そのことに気づかないのです。

2016 年 8 月 21 日（日）2 回札幌 2 日　天候 : 雨　馬場状態 : 稍重

11 R　第 52 回札幌記念

3歳以上・オープン・G2（定量）（国際）（特指）芝 2000m　16 頭立

着	枠	馬	馬名	性齢	騎手	斤量	タイム(着差)	人気	厩舎
1	7	13	ネオリアリズム	牡 5	ルメール	57	2.01.7	5	(美)堀宣行
2	8	15	モーリス	牡 5	モレイラ	57	2	1	(美)堀宣行
3	1	2	レインボーライン	牡 3	福永祐一	54	クビ	4	(栗)浅見秀一
4	1	1	ヌーヴォレコルト	牝 5	吉田隼人	55	1 1/2	2	(美)斎藤誠
5	4	7	ヤマカツエース	牡 4	池添謙一	57	クビ	3	(栗)池添兼雄

単勝	13	¥1720				
複勝	13	¥320	/ 15	¥110	/ 2	¥270
枠連	7-8	¥920				
馬連	13-15	¥1330				
ワイド	13-15	¥560	/ 02-13	¥1590	/ 02-15	¥470
馬単	13-15	¥3770				
3連複	02-13-15	¥3380				
3連単	13-15-02	¥22060				

逃げ馬は最強である

「ミホノブルボンは逃げ馬ではない」と故戸山為夫調教師は語ったことがあります。1ハロン12秒という自分のペースを守って走ったら、たまたま逃げる形になったという意味です。それだけミホノブルボンのスピードが突出していたということであり、スピードのある強い馬は自然と逃げ馬になってしまう、というのが戸山調教師の思想であったと思います。タニノハローモアやレガシーワールドなど、戸山調教師が育てた名馬には逃げ馬が多いですね。

実際に、レースに行っても、逃げ馬は有利です。大きな不利を受けたりすることが少なく、アクシデントに巻き込まれにくい。馬場の良いところを選んで走ることができるし、相手の出方次第ではなく、自らペースをつくり、動き始めることができます。逃げ馬はレースの主導権を握ることができるのです。また、馬場が逃げ馬に有利に働くケースも多いです。上がりが極端に速かったり遅かったりする馬場は逃げ馬に有利になります。それ以外にも、逃げ馬のメリットは枚挙に暇がありません。

逃げ馬の単勝回収率は178%になるという2019年度のデータがあります（芝・ダート問わ

ず）。この数字は２０１９年に限ったことではなく、どの年でもほぼ同じで、２０１６年と２０１８年はなんと回収率が２００％を超えています。つまり逃げ馬の単勝を買い続けると儲かるということです。どんな予想家でも予想理論でも継続的には達成できない回収率であり、まさに最強の必勝法と言っても過言ではなく、僕もこの必勝法に異を唱えるつもりはありません。逃げ馬は最強であるという結論は当然の帰結でしょう。

それでは、なぜ全ての馬が逃げ馬を目指そうとしないのでしょうか。肉体的な資質や気性の問題はとりあえず横に置いておいて、これだけ逃げ馬に有利な条件が揃っていると言うのに、なぜ調教師も騎手も抑える競馬を馬に教えようとするのでしょうか。

そこには逃げ馬のジレンマがあります。逃げ馬は１頭しかいないというジレンマです。全ての馬が逃げ馬を目指したとしても、レースに行って逃げられるのは、たった１頭しかいません。それ以外の

逃げ馬の中央競馬における成績
（脚質分類は競馬道 OnLine データ調べによる）

年	着別度数	勝率	連対率	複勝率	単回率	複回率
2015 年	581-441-314-2159/3495	16.6%	29.2%	38.2%	163%	137%
2016 年	584-417-316-2179/3496	16.7%	28.6%	37.7%	218%	136%
2017 年	614-408-319-2154/3495	17.6%	29.2%	38.4%	195%	137%
2018 年	607-464-313-2104/3488	17.4%	30.7%	39.7%	202%	140%
2019 年	636-427-336-2094/3493	18.2%	30.4%	40.1%	178%	135%

馬は先行馬になってしまうばかりか、逃げ争いに巻き込まれて、お互いに潰し合ってしまうことになりかねません。そういったケースを多く経験してきているからこそ、相手の出方次第でスッと抑えられる走り方やポジション取りを馬に教えていこうとするのです。そちらの方が安定して良い成績を残すことができるからです。せっかくキッチリと馬を仕上げたとしても、ハイペースに巻き込まれて負けてしまうことに陣営は耐えられません。一か八かではなく、安定して力を出し切れるかどうかが重要なのです。

基本的な勝ちポジが、馬群の先頭ではなく、内の2、3番手であることは、このあたりにも理由があります。レースのレベルが上がるにつれて、自分よりもテンのスピードが速い逃げ馬が現れて逃げられなかったり、厳しい流れ（ペース）で逃げざるを得なくなったり、マークが厳しくなったりするからです。

しかしながら、（特に単勝系の）馬券を買う僕たち競馬ファンは、下級条件においては特に、逃げ馬を買うべきなのです。馬券を買う人にとって、勝負は一か八かであり、自分の賭けた馬が安定して力を出し切ることに興味はないはずです。もし単純に馬券で儲けたいならば、逃げ馬を買い続ければよいのです。先に述べた3つの条件（「人気がない」、「突然逃げる」、「トップジョッキーが乗った人気馬が差し馬」）を意識しながら、逃げ馬を狙い続けるということです。

そうは言っても、ひとつだけ大きな問題があります。逃げ馬を買うときに最も困難を極めるのは、どの馬が逃げるのか、もう少し厳密に言うと、どの馬が4コーナーを先頭で回るのかということです。逃げ馬を買おうと決心して、いざ出走表を見てみると、逃げ馬候補が3頭ぐらい見つかって戸惑うことになります。もしくは逃げると思っていた馬が逃げずに、今まで逃げたことのないような馬がハナを叩いてくることもあるでしょう。そこで、思っていたよりも上手くいかないとあきらめてしまう競馬ファンも多いはずです。

逃げ馬を探すのが難しいという方は、絶対的な逃げ馬を買えばよいのです。ひと昔前のツインターボやメジロパーマー、近年で言うとシルポートのように、誰もがこの馬は絶対に逃げると知っている存在こそが、絶対的な逃げ馬です。こういう絶対的な逃げ馬は、過去に大逃げをしたり、暴走して大バテしてしまった経験があるはずです。逆にそのことが、他馬や他の騎手から見ると、この馬に絡んだら自分も潰れてしまうと思わせることになり、それ以降のレースでより逃げやすくなります。大バテしたところを見た競馬ファンからは信頼を失ってしまうので、人気にもなりません。これこそが、絶対的な逃げ馬としてのブランド化なのです。

強い逃げ馬がいるとき、2着以下は大穴を狙え

馬単や3連単が全盛の時代において、もはや万馬券など珍しくなくなってしまいましたが、僕が競馬を始めた頃は、万馬券という言葉には崇高な響きがあり、万馬券を獲ることはひとつのステータスでした。当然のことながら僕も、万馬券の魅力に憑りつかれ、とにかく万馬券を当てることを目指して馬券を買っていた時期があります。後楽園ウインズに足繁く通っては、小さなモニターの画面を見上げながら、1日に1本出るか出ないか分からない万馬券を虎視眈々と狙っていたのです。

そんな僕が生まれて初めて超のつく万馬券を手にしたのは、1992年の日本ダービーでした。戸山為夫調教師によって坂路で鍛え上げられたミホノブルボンが、皐月賞に続き日本ダービーも逃げ切ってみせたのです。2着には16番人気のライスシャワーが粘り込み、馬連で2万9580円という万馬券でした。

戦前はマグニテュードの仔にとって2400mの距離は長いという声も多かったのですが、ミホノブルボンがバテて止まる姿を想像することは、僕には難しかったです。ミホノブルボンは単なるスピード馬ではなく、スタミナとパワーも兼ね備えた、当時の僕が知る限りにおいて最強の逃げ馬

でした。

そんなミホノブルボンも最初から逃げ馬であったわけではありません。新馬戦は後方から33秒１の末脚で追い込んで勝利し、２戦目と朝日杯３歳ステークス（現朝日杯フューチュリティステークス）は２番手からの競馬を試みています。逃げなかった３戦共に勝つには勝ったものの、朝日杯３歳ステークスはヤマニンミラクルと壮絶な叩き合いを演じた末のハナ差の辛勝でした。

「馬を信じて乗らんかい！」

朝日杯３歳Ｓのレース後、ミホノブルボン鞍上の小島貞博騎手は戸山為夫調教師にこう怒鳴られたそうです。勝って怒られるなんて現代の日本競馬では考えられませんが（笑）、戸山調教師はミホノブルボンを２番手に付けて綺麗な競馬をしようとした小島騎手の騎乗に腹を立てたのでした。

小島騎手は先を見据え、折り合いを教え込もうと乗ったのでしょうが、そのことでミホノブルボンの長所であるスピードを殺し、ヤマニンミラクルに影を踏まれてしまいました。坂路で毎日あれだけ鍛えているのですから、多少のハイペースで走ってもミホノブルボンはバテないという自信と自負が戸山調教師にはあったのです。

それ以降、フジテレビ賞スプリングSから皐月賞、そして日本ダービーまで、小島騎手は吹っ切れたように逃げました。逃げたというよりも、ミホノブルボンのリズムで走らせることに専念したら、自然と先頭に立っていたということです。1ハロン12秒のラップをどこまでも刻み続けるサイボーグのようなミホノブルボンの走りに、どの馬もついていけるはずがありません。無理に鈴をつけにいけば、自身が脚を失ってしまいます。

フジテレビ賞スプリングSでは、先頭に立ったミホノブルボンを2番手でマークした3番人気のサクラバクシンオーが大きくバテて、混戦の2着には13番人気のマーメイドタバンが突っ込みました。続く皐月賞も、ミホノブルボンのあまりの手応えの良さに、最終コーナーで慌てて捕まえに動いた3番人気のセキテイリュウオーが直線で突き放され、その間隙を縫った4番人気のナリタタイセイが2着を確保しました。この一連の流れを見て、僕はミホノブルボンの強さを改めて認識しただけではなく、強い逃げ馬を追いかけた馬や捕まえに動いた馬たちが失速してしまうことを知ったのです。

とてつもなく速くて強い逃げ馬がいると、2着には大穴が飛び込んでくることが多い。なぜなら、その馬をマークして追走し、仕掛けることによって、他の有力馬が自分のリズムを崩してしまうからです。また、淀みのない速いペースになることが多く、まともに追走した馬がなし崩し的に脚を使わされる中、勝負を捨て、道中は自分のペースを守った人気薄の台頭があるからです。たとえば、ダイワスカーレットが驚異的なハイペースで逃げて、そのまま逃げ切った2008年の有馬記念は、最後方から末脚に賭けた最低人気のアドマイヤモナークが2着に突っ込んで大穴を開けました。このようなパターンは枚挙に暇がありませんが、つまり、とてつもなく速くて強い逃げ馬がいるときは、2着馬は穴を狙うべきなのです。

出遅れた馬の幸運

出遅れにはどうしても悪いイメージがつきまといます。出遅れてしまって逃げられない、または出遅れてしまい最後に伸びてはいるが届かない、などなど。特にわずか1分そこそこのタイムで決着してしまうスプリント戦において、出遅れは致命的です。ただし、ごく稀なケースではありますが、例外的に出遅れがプラスに働くこともあります。出遅れたことによって、馬の走るリズムが変わるのです。

キンシャサノキセキは2010年の春、4連勝で高松宮記念を制し、届きそうで届かなかったG

1タイトルを手にしました。この快進撃のきっかけとなったのは、2009年の暮れに行われた阪神カップです。このレースでキンシャサノキセキはスタートで大きく出遅れました。しかし、鞍上にいたミルコ・デムーロ騎手は慌てることなく、キンシャサノキセキを最後方からゆっくりと走らせたのです。それまでのキンシャサノキセキは行きたがる気持ちが前に出すぎて、いつも力んで先行し、最後の1ハロンだけ止まってしまうというレース振りでした。だからこそ、G1レースを勝つことができなかったのです。

デムーロ騎手に導かれたキンシャサノキセキは、馬群の外々を伸びやかに走り、最終コーナーでは先頭に踊り出るほどの手応えの良さで上がってゆき、最後の直線では他馬を突き放しました。あれだけ手脚を伸ばして走るキンシャサノキセキを久し振りに見たと僕は感じました。最も驚いたのは、キンシャサノキセキ自身だったのではないでしょうか。こんなにゆっくりと走っていいのだ。競馬っていつも一生懸命に走らなくてもいいのだ。そう思ったに違いありません。7歳にして力を抜いて走ることを覚えたキンシャサノキセキは、遂に覚醒したのです。

キンシャサノキセキは偶然の出遅れでしたが、意図的に出遅れさせ、後方をゆっくり走らせることで馬のリズムを変えてしまったケースもあります。ダンスインザムードは桜花賞を制した後、極度のスランプに陥っていました。そもそも兄にダンスインザダーク、姉にダンスパートナーがいる、ステイヤー寄りの血統背景を持つ同馬が、マイルの桜花賞で理想的な競馬をして勝ってしまったのですから驚きでした。これはひとえに彼女のセンスと武豊騎手の絶妙な手綱さばきがあったからですが、反面、短い距離を走るリズムを馬が覚えてしまったのです。それ以降、彼女は道中で行きたがってコントロールを失い、ゴール前で失速というレースが目立つようになりました。体はステイヤーでも、気持ちはマイラーになってしまったのです。

陣営は一策を講じることにしました。彼女が4歳になった年の府中牝馬Sにて、思い切って最後方からのんびり行かせ、最後の直線だけ脚を伸ばすというレースをしてみたのです。それまで掛かり気味に先行していたダンスインザムードが最後方からトコトコ走っているのですから、競馬ファンは驚きました。追い込んできて8着と、このレースの結果を見る限りでは、作戦は失敗に終わったように映りました。

しかし、そうではなかったのです。ダンスインザムードは次走の天皇賞・秋で牡馬に混じってあわやの3着と好走したのをきっかけに、マイルCSでは4着、休養を挟んで臨んだマイラーズCでダイワメジャーの2着に入りました。気持ちばかり焦っていた今までの走りとは打って変わり、道中でリラックスして走ることができるようになったのです。府中牝馬Sでわざと出遅れさせて、あなたのリズムでゆっくり走っていいんだよ、と教えた陣営の意図が見事に伝わったのです。心と身体が一致して生まれ変わった彼女は、その後、ヴィクトリアマイルを勝利し、桜花賞以来となるG1タイトルを手にすることになります。

出遅れという不運の中にも、幸運が眠っていることもあるのです。キンシャノキセキもダンスインザムードも、あの出遅れがなければ、G1という勲章を手にしていたかどうか疑わしいのです。スピード優先の世の中で、出遅れてしまうことは確かに致命的かもしれませんが、そうではないこともあるのです。出遅れても、遠回りしても大丈夫。心と身体が一致して、それまでとは生まれ変わったような走りを見せてくれた馬たちが、僕にそう教えてくれたのです。

距離短縮馬には伸び代がある

競馬を始めたばかりの頃は、1200mと1600mの距離のレースの間には、それほど大きな違いがないと思っていました。同じように、1600mだろうが2400mだろうが、距離がレースの勝敗に与える影響はごくわずかだと感じていました。なぜかと言うと、オグリキャップがマイルチャンピオンシップや安田記念で他馬を圧倒しながらも、有馬記念を勝ち、ジャパンカップでは激闘を演じていたからです。バンブーメモリーが安田記念を勝ち、マイルＣＳではそのオグリキャップとハナ差の勝負を演じながらも、スプリンターズＳを突き抜けるのを目の当たりにしました。走る馬は走るし、そうではない馬はそうではない。いわば距離不問の時代があったのです。

しかし、競走馬の距離体系が少しずつ整い始め、僕も馬券と深くかかわるようになるにつれて、わずかな距離の違いが勝敗に大きな影響を及ぼすことを知ることになりました。１ハロン（約２００ｍ）の違いはもちろんのこと、地方の競馬場に行けばその半分の１００ｍでさえ、天国と地獄を隔ててしまう壁になるということを学んだのです。特にレースのレベルや格が高くなればなるほど、わずかな距離の差が勝ち負けを左右することになります。

距離延長について考えてみると、たとえば１２００ｍ→１４００ｍと少しずつ距離を延ばしてレースを使われてきた馬は、実は距離に不安のある短距離馬であることが多いです。僕にこのことを教えてくれたのはリトルオードリーという牝馬でした。１９９６年の牝馬クラシック戦線にて、新馬戦（１２００ｍ）→紅梅賞（１２００ｍ）→４歳牝馬特別（１４００ｍ）と距離を延ばしつつ３連勝し、本番の桜花賞では１番人気に推されたのです。僕も本命を打っていましたが、彼女は人気を裏切る形で９着と凡走しました。馬券が外れた悲しみに暮れつつも、１４００ｍとマイルの間にある壁は、1200mと1400mのそれ以上に厚い。たとえ1400mまではスピードだけで押し切れても、マイル戦は豊富なスタミナがなければ克服することができないと悟ったのです。

対して、距離短縮についてはあまり苦い思い出はありません。むしろ距離短縮はプラス材料になるとさえ考えています。極端なケースではありますが、ニシノフラワーは1992年のエリザベス女王杯(2400m)を走って3着に敗れた後、返す刀でスプリンターズS(1200m)に挑戦し、ほぼ最後方から豪快に全馬を差し切りました。ゆったりとしたリズムを刷り込まれた馬は、距離が大幅に短縮されると、最初は戸惑いますが、追っ付けながらもなんとか流れに乗ることができるのです。しかし、ガンガン飛ばすリズムを刷り込まれた馬は、距離が大幅に延長されると、引っ掛かり、ガス欠を起こして終わってしまいます。つまり、ある程度の距離短縮は勝負になっても、わずかな距離延長は勝負にならないことを彼女たちから教わったのです。

特にG1レースに臨むにあたっては、距離を延ばしてくるよりも、短縮してくる馬の方を狙うべきです。なぜなら、たとえ同じ距離であっても、G1レースは息が入りにくい厳しい流れになりやすく、スピードはもちろんのこと、最後に問われるスタミナの絶対値が違ってくるからです。同じ1200m戦であっても、たとえばGⅢレースとG1レースでは要求されるスタミナが異なります。

そのため、Ｇ３のレースでは勝ち切れたとしても、Ｇ１レースでは最後の最後にバテてしまい伸び切れないのです。

それに対して、距離を短縮しながらＧ１レースに臨む馬は、スタミナの心配をしなくて済みます。前走では今回よりも少なからず長い距離を克服してから臨んできているからです。スタミナの心配がないことが、騎手の乗り方や積極性に与える影響も測り知れません。距離短縮馬には伸び代があるのです。

8 バイオリズム

体調のバイオリズム

「ダービースタリオン」というテレビゲームの存在を知らない競馬ファンは少ないでしょう。ダビスタ世代というものがあるとすれば、おそらく僕もそれに当てはまります。競馬の本質を突いた完成度の高いゲームで、学生時代に寝食を忘れて没頭したのを覚えています。ダビスタから学んだことはたくさんあって、そのひとつに競走馬における体調のバイオリズムがあります。

体調のバイオリズムとは、波打つような軌跡を描く規則的な運動です。上がればいつか下がるし、上がったままや下がったままのこともありません。その周期はそれぞれの馬によって異なります。アップダウンの周期が短い馬もいれば、長い馬もいます。上下動の幅が大きい馬もいれば、小さい馬もいます。競走馬は単なる走るマシーンではなく、ほんのわずかなことをきっかけとして調子が良くなったり、悪くなったりを繰り返す生き物なのです。

ダビスタにおいては、今にも体調が悪くなってしまいそうな馬を祈るように馬なり単走で流し、なかなか体調が上がらない馬を併せ馬一杯でビシビシと追ったりして、ゲームとはいえ一喜一憂しました。競走馬の体調のバイオリズムを意識しながら調教し、目標とするレースに向けて馬を仕上げる難しさを疑似体験させてもらいました。

それからと言うもの、馬券予想の中にも、競走馬の体調のバイオリズムを取り入れることにしました。調教の本数や強弱などから、当日の馬体重やパドックでの気配、そして実際のレースでの走りまでを考慮すると、その馬の体調のバイオリズムが曲線として目の前に浮かんできます。たとえば、休み明けの前走は惨敗だったけれども、ひと叩きされた今回は、調教の動きも素軽くなっており、グッと体調が上がってくるはず。連勝してきてはいるが、そろそろ体調はピークを越えて下降線を辿るはず、などなど。馬は自分で調子を語らない分、体調のバイオリズムの浮き沈みを想像し、予測するのは楽しい作業でした。

馬にはいろいろなタイプがいることも分かってきました。なだらかに上昇曲線を辿って体調のピークが比較的長続きする馬もいれば、一気に最高潮まで上り詰め、その勢いであっと言う間に体調が落ちていく馬もいます。さらに深い学びとしては、体調のバイオリズムの中には、肉体的なバイオリズムと精神的なバイオリズムがあるということです。体調のバイオリズムを考えるとき、僕たちは肉体面と精神面の両方から見なければならないのです。ほとんどの場合、サラブレッドの肉体面と精神面はつながっていることが多く、脚元に痛いところがあれば気難しくもなるし、精神的に燃え尽きると肉体まで衰えたりします。

一方で、気持ちで走るタイプの馬もいます。肉体的に仕上がっているから走るのではなく、走る気持ちが強いときは多少体調が優れなくても走るのです。逆に、気持ちが走る方に向いていなければ、どれだけ肉体のコンディションが良くても全く走らない。こういうタイプの馬は着順を見るだけで見分けられることがあり、たとえば1着、5着、2着、10着といった具合に、好走と凡走を繰り返す馬などがまさにそうです。肉体面でのバイオリズムはここまで激しく上下動することは少ないため、考えられるのは精神面のバイオリズムが極端なのでしょう。走るときは肉体の限界を超えて、他馬よりも少しでも先を走ろうと気力を振り絞ります。そうして激走した後は、（特に精神的に）ドッと疲れが出て、気持ちが切れてしまう。そうして次走は思わぬ敗退を喫することになります。俗に言う2走ボケも同じで、肉体面ではなく精神面で反動が出たことによる凡走ですね。ほとんどの好走や凡走は、肉体と精神面のバイオリズムで説明ができるのです。

精神的に燃え尽きた馬

競走馬が途端に走らなくなってしまうのは、精神的な理由によることがほとんどです。アスリートとしての肉体が衰え、かつてのようなパフォーマンスができなくなるというよりも、死力を尽くそうとする気力が失われてしまうということ。つまり気持ちがついてこなくなってしまうのです。それは競走馬がレースで限界を超えて走らされていることの裏返しであり、特にレベルの高いレースで争う馬たちは頑張ってしまう分、その反動で燃え尽きてしまうことも多いのです。精神的に燃え尽きてしまった馬は、上位争いに加わることができなくなり、復活するにしても多大な時間を要することになります。上位の者たちの肉体的な資質の差はごくわずかであり、勝つか負けるかの一線を隔てるのは精神面によるところが大きいのです。

精神的に燃え尽きてしまった馬を見分けるには、調教では限界を超えて走る（走らされる）ことはないため、実際のレースを観てみるのが良いです。追走で手一杯になってしまう馬もいれば（レースに参加したくないという気持ちが前面に出ている）、行きたがって騎手と喧嘩をしてしまう馬もいます（走りたいからではなくレースから逃げたいという心理がそうさせる）。また道中は手応え抜群で走っていたにもかかわらず、最後の直線では他馬に抵抗することなく、簡単に馬群に沈んでしまう馬もいます。こうした馬たちは、レースが終わってもすぐに息が入ってケロッとしていることが多い。つまり、持てる力を出し切っていない、力を余してしまっているのです。

僕は競走馬が精神的に燃え尽きてしまうことを、ダンスパートナーという名牝の走りを通して教えてもらいました。オークスやエリザベス女王杯といったG1レースを勝ち、牝馬ながらも菊花賞に出走し1番人気に推され、フランスや香港にも遠征して海外の馬たちと争った経験もある実力馬です。母系から伝わる豊かなスタミナと父サンデーサイレンス譲りの瞬発力を生かし、古馬になって牡馬に混じっても引けをとることなく、コンスタントに走り続けました。

しかし、5歳秋を迎え、牝馬同士で確勝を期待されていたエリザベス女王杯での惜敗を機に、ダンスパートナーは燃え尽きてしまいました。競走馬ではなく、繁殖牝馬としての気持ちが芽生えてしまったのかもしれません。次走の有馬記念では、道中からレースの流れに全くついていけず、勝ち馬から4秒差の14着と大敗を喫し、そのまま引退してしまいました。まさかのダンスパートナーの走りを目の当たりにし、競走馬が走る気持ちを失ってしまうと、ここまで負けてしまうのかと恐ろしく思ったと共に、レースにおける精神的な部分の重要さを知ったのでした。

馬券的な話をすると、もちろん精神的に燃え尽きてしまった馬を買ってはいけません。そして、逆にどのような馬を狙うべきかと言うと、精神的に充実した馬ということです。どのようにしてそれを見分けるかと言うと、同じく逆に、実戦のレースにおける走りを観て、道中は抜群の手応えで回ってきている馬、かといって騎手の指示に従わないほどではなく我慢が利いている馬、さらに厳しい展開になったとしても最後まであきらめずに、他馬に食らいつくようにして走っている馬ということです。

ダービー馬が秋初戦は好発進するも2戦目が続かない理由

日本ダービーを勝った後は、目に見えない疲れが出てしまいます。過去の日本ダービー馬を思い返してみると、その年の秋シーズンは、不振に陥っている馬が多いことに気づきます。ディープインパクトやオルフェーヴル、コントレイルといった3冠を獲るような馬は別にして、ほとんどの普通のダービー馬は、極度の疲労から回復するのに時間を要して秋シーズンを棒に振ってしまったり、ひどいケースだとさっぱり走らなくなったり、怪我をしてそのまま引退してしまうこともあります。日本ダービーにおいて、究極の仕上がりで極限のレースを強いられたことで、肉体的にも精神的にも燃え尽きてしまうからです。

そんな中でも、なぜか秋初戦だけは走る馬が多いのです。スペシャルウィーク、アドマイヤベガ、キングカメハメハ、ディープスカイ、ワンアンドオンリー、ワグネリアンなどは、秋初戦（神戸新聞杯や京都新聞杯）だけは勝利しました。その後のレースにおける走りを見ても、なぜ初戦だけは走ったのか不思議です。秋初戦のレースの方が、その後のG1レースよりもメンバーが軽いことは確かにありますが、そういう問題を抜きにしても、あまりにも秋2戦目以降のふがいなさが目立つ割には、秋初戦は好発進したかのように見せるダービー馬が多いということです。

たとえばスペシャルウィークは、菊花賞で圧倒的な1番人気に推されながらもセイウンスカイの影も踏めず、続くジャパンカップでは最後の直線でフラつく素振りを見せてエルコンドルパサーに一瞬にして突き放されました。アドマイヤベガも同じで、菊花賞で見せ場なく6着に惨敗し、再び走ることはありませんでした。キングカメハメハは故障してしまい早々に引退し、ディープスカイは天皇賞・秋、ジャパンカップと古馬に挑むも勝ち切れませんでした。ワンアンドオンリーやワグネリアンも神戸新聞杯を勝って好発進したように見えましたが、長らく不振のトンネルから抜け出せていません。

なぜ秋初戦だけは走って、

2018年9月23日（祝）4回阪神7日　天候：曇　馬場状態：良

11R　第66回神戸新聞杯

3歳・オープン・G2（馬齢）（牡・牝）（国際）（指定）芝2400m・外　10頭立

着	枠	馬	馬名	性齢	騎手	斤量	タイム(着差)	人気	厩舎
1	3	3	ワグネリアン	牡3	藤岡康太	56	2.25.6	2	(栗)友道康夫
2	2	2	エタリオウ	牡3	M.デム	56	1/2	3	(栗)友道康夫
3	6	6	メイショウテッコン	牡3	松山弘平	56	アタマ	6	(栗)高橋義忠
4	7	8	エポカドーロ	牡3	戸崎圭太	56	2 1/2	1	(栗)藤原英昭
5	4	4	ステイフーリッシュ	牡3	川田将雅	56	1 3/4	4	(栗)矢作芳人

単勝	3	¥270				
複勝	3	¥120	2	¥170	6	¥330
枠連	2-3	¥730				
馬連	02-03	¥720				
ワイド	02-03	¥320	03-06	¥710	02-06	¥940
馬単	03-02	¥1300				
3連複	02-03-06	¥2930				
3連単	03-02-06	¥10650				

その後のレースでは凡走するかと言うと、ダービー馬を負けさせるわけにはいかないという陣営の意識があるからでしょう。日本ダービー後も馬体をできるだけ緩めることなく、疲労を表に出さないように引っ張ってこられる限界が秋初戦までということです。さすがにそれ以降は馬も耐えられず、それまでの疲労が一気に噴出してしまい、本来の走りができなくなってしまいます。どれだけ調教技術が進歩しても、究極に仕上げられたレースの後は体調が下がり、落ちるところまで落ちてからまた回復してゆくという体調のバイオリズムに抗うことはできないのです。

日本ダービー馬は、秋初戦のレースでは買いで、それ以降はしばらく馬券を買わずに様子を見るのが妥当ということですね。

生き残った者が勝者になれる

競走馬には早熟の馬と晩成の馬がいます。早い時期から才能が開花するタイプと、時間を掛けて表舞台に立つタイプ。日本ダービーを勝つような馬は前者です。成長にもバイオリズムがあるということですね。

ゼンノロブロイは晩成の馬でした。皐月賞には間に合わず、青葉賞を勝った勢いで挑戦したダービーでは2着に破れ、雪辱を期して臨んだ菊花賞では内に包まれてしまい4着と惨敗。続く有馬記念でも古馬の壁にぶつかり、健闘もむなしく3着と、結局3歳時には大きなレースを勝つことができませんでした。年が明けた4歳の春も詰めの甘さは相変わらずで､天皇賞･春はイングランディーレに逃げ切られ2着、宝塚記念はタップダンスシチーの強さにひれ伏して4着という走りでした。

ところが、4歳の秋を迎え、ゼンノロブロイは覚醒しました。休み明けの京都大賞典こそ2着と惜敗しましたが、その後の天皇賞・秋→ジャパンカップ→有馬記念と3連勝。それまでにはあのテイエムオペラオーしか成し遂げたことのない大記録を、勝ち味に遅かったゼンノロブロイがあっさりと達成してしまったのです。この年はJRAの年度代表馬に選出されました。

「いつも無敗の馬がいるわけじゃないし、さんざん負けても残っていればチャンピオンになれるんだ。その間にたくましくもなってくるし。あの馬のほうが強かったなんていうのは話にならない。無事にきているのがいいんだから」

ゼンノロブロイを管理した藤沢和雄調教師は右のように語りました。この世代の筆頭格であり、皐月賞と日本ダービーを制したネオユニヴァースは、3歳の秋以降はなかなか勝ち切れず、天皇賞・

春で大敗を喫した後、宝塚記念を目標に調整されましたが、右前浅屈腱炎と右前球節部亀裂骨折を同時に発症して引退してしまいました。菊花賞馬かつジャパンカップを2着した実績を持つ同期のザッツザプレンティは、宝塚記念後に右前脚屈腱炎を発症し戦列を離れていました。そして何よりも、同厩舎の先輩であるシンボリクリスエスが、前年の有馬記念で引退していたのです。

秋の古馬G1を3連勝した要因は他にもあるでしょうが、最大の理由は、ゼンノロブロイが生き残っていたからです。たとえ自分自身の力は変わらなくとも、他のライバルたちが怪我や引退などで戦列を離れていく中、ターフで走り続けることができていれば、いずれチャンスは訪れるのです。これが無事是名馬の本当の意味です。サラブレッドにとって大切なのは速く走ることだけではありません。

そのことを僕が初めて教えてもらったのは、ビワハヤヒデと岡部幸雄騎手によってでした。ゼンノロブロイと同じく、ビワハヤヒデも大舞台でなかなか勝ち切れない馬でした。朝日杯3歳S（現在の朝日杯フューチュリティS）では圧倒的な1番人気に支持されながらも2着に破れ、翌年の皐月賞が2着、そしてダービーも2着と勝てそうで勝てなかったビワハヤヒデが、菊花賞を5馬身差で圧勝したのです。ウイニングチケットやナリタタイシンが馬群に沈む中、あの詰めの甘さは何だったのだろうと思わせる、まるで別馬のような走りを見せてくれました。

そこから先はビワハヤヒデの独壇場で、有馬記念こそトウカイテイオーに敗れたものの、翌年の天皇賞・春と宝塚記念を連勝し、古馬の頂点に立ったのです。菊花賞の勝利ジョッキーインタビューにおける、「生き残っていれば必ずチャンスは来る」という岡部幸雄元騎手の言葉は忘れられません。

生き残っていれば……は、それ以降、僕の人生哲学にもなりました。サラブレッドも人間も、それぞれの能力はそれほど大きく変わらない。たとえ今、力が劣っていたとしても、良い結果が出ていなくても、ふてくされることなく、その場に立ち続ける。それがいかに難しく、生き残ることのできない馬や人のなんと多いことか。どれだけ負けても、生き残って、その場で戦い続けていけば、最後にはチャンピオンになれるのです。競馬も人生もサバイバルレースなのです。

ちょうどこの話を週刊Ｇａｌｌｏｐのコラムに書いたとき、２０１６年の京都大賞典でキタサンブラックを本命に推しました。今から思えば、皐月賞では同期のライバルであるドゥラメンテとリアルスティールに敗れたものの、晩成のステイヤーが３歳の春に２０００ｍを１分５８秒８というタイムで走った３着は大いに評価できます。結局、一度も先着できなかったドゥラメンテは左前脚を故障し、宝塚記念を最後に引退しました。リアルスティールは成長力で劣り、キタサンブラックには二度と先着できませんでした。たくましく生き残ったキタサンブラックは4歳の秋に覚醒し、次走のジャパンカップでも僕に当たり馬券を届けてくれたのです。

2016年11月27日（日）5回東京8日　天候：小雨　馬場状態：良

11R　第36回ジャパンカップ

3歳以上・オープン・G1（定量）（国際）（指定）芝2400m　17頭立

着	枠	馬	馬名	性齢	騎手	斤量	タイム(着差)	人気	厩舎
1	1	1	キタサンブラック	牡4	武豊	57	2.25.8	1	(栗)清水久詞
2	6	12	サウンズオブアース	牡5	M.デム	57	2 1/2	5	(栗)藤岡健一
3	8	17	シュヴァルグラン	牡4	福永祐一	57	クビ	6	(栗)友道康夫
4	2	3	ゴールドアクター	牡5	吉田隼人	57	1/2	3	(美)中川公成
5	8	16	リアルスティール	牡4	ムーア	57	クビ	2	(栗)矢作芳人

単勝	1	¥380				
複勝	1	¥150	/ 12	¥290	/ 17	¥330
枠連	1-6	¥2340				
馬連	01-12	¥2570				
ワイド	01-12	¥910	/ 01-17	¥930/	12-17	¥2070
馬単	01-12	¥3990				
3連複	01-12-17	¥8050				
3連単	01-12-17	¥36260				

9
ダメージ

長距離レースを使うことのメリットとデメリット

有馬記念で有終の美を飾ったキタサンブラックは、まぎれもない無事是名馬でした。長い手肢を最大限に使った大きなストライドで逃げ・先行し、どこまで走ってもスタミナが尽きることはありませんでした。若駒の頃はヒョロッと頼りなく見えた馬体も、古馬になってから大きく成長し、サラブレッドとしての理想的な姿へと完成されました。人間の指示通りに動ける賢さがあり、常にリラックスして余計な力を使わない。ハードな調教に耐え、苛酷なレースでも最後まであきらめずに走り切ったのです。

美点を挙げていけばきりがありませんが、キタサンブラックの最大の強みは体力にあったと思います。回復力があったということです。社台スタリオンステーションで数々の種牡馬を管理してきた徳武英介氏は、キタサンブラックについてこう語りました。

「キタサンブラックのひとつの特徴として、疲れ知らずということが挙げられます。サンデーサイレンスから受け継がれている特徴でもあり、筋肉の質が良いからか、1戦1戦における疲労度が少ない。これはアスリートとしては大切な資質ではないでしょうか」

（一口馬主DB「馬体の見かた講座」より）

キタサンブラックほど、厳しい条件や場面をはね返してきた馬はいません。並みの一流馬であればへこたれてしまう状況であっても、それをものともせずに走り続け、生き残って、勝利を重ねました。

あらゆる距離や馬場、コースの形状で行われる中で、馬にとって最もダメージが残ってしまうのは、左の3つの条件下で行われるレースです。肉体的なダメージがあるので、バイオリズムが急激に下がって、次走以降に反動が出てしまうということです。

①　長距離戦
②　不良馬場
③　レコード決着

①の3000m以上の長距離戦を使うことには、メリットとデメリットが同居します。メリットは、レースに行って騎手の指示に忠実に従い、我慢強く走ることができるようになること。一方のデメリットは、肉体的にも精神的にもダメージを負ってしまうことです。メリットとデメリットのどちらが大きいかはそれぞれの馬の状況によって異なりますが、特に若駒の馬体ができていない時

期にはデメリットの方が大きい。たとえば、3歳時に菊花賞のような激しいレースで勝つもしくは好走することは、大きな代償も伴うのです。

ドリームジャーニーは、菊花賞を走った後にスランプに陥ったことがありました。ご存じオルフェーヴルの全兄であり、血統的には長距離を走れなくはないはずですが、2歳時に強烈な末脚で朝日杯フューチュリティSを勝ったように、本質的にはマイルから中距離を得意とする馬でした。馬体も気性も、決して長距離向きのタイプではありません。そのドリームジャーニーが菊花賞に出走し、負けはしたものの、あらん限りの力を振り絞って激走したことで、その後、しばらく凡走を繰り返すことになったのです。

ようやくドリームジャーニー本来の姿に戻り始めたのは、菊花賞から半年以上が経った翌年の夏の小倉記念でした。それまでのチグハグなレースが嘘のように、ドリームジャーニーらしい鋭い差し脚が見られるようになり、少しずつ歯車がかみ合ってきました。菊花賞のダメージから回復した翌々年（2009年）には宝塚記念を制して、およそ3年ぶりのG1レース勝利を収め、さらに暮れの有馬記念でも勝利を飾るほどに成長を遂げたのです。

ドリームジャーニーの競走成績を振り返ってみて、僕が教えてもらったのは、距離適性のない若駒が長距離G1レースに出走し、勝つもしくは好走することで大きなダメージを負い、完全に回復するには比較的長い期間が必要であること。そして、ひとたび本来の姿を取り戻すと、肉体的にも精神的にも苦しいレースをした経験が生きて、道中では我慢強く走ることができるようになり、多少の厳しいレースを強いられてもへこたれなくなることです。つまり、馬が大きく成長するということですね。

3歳の牝馬にとって最も無理を強いられるレースは、距離が一気に延長されるオークスであるように、3歳の牡馬にとってのそれは菊花賞となります。だからこそ、かつては「強い馬が菊花賞を勝つ」と言われたものですが、近代のスピード化された競馬においては、むしろステイヤーではない馬が菊花賞を走って下手に好走すると、計り知れないほどのダメージを受けることになるのです。

それを知ってからは、菊花賞を勝った馬たちのその後が気になるようになりました。ゴールドシップのような正真正銘のステイヤーや3冠馬に輝いたオルフェーヴルのような歴史的名馬以外の菊花賞馬たちのほとんどは、ダメージが完全に癒えることはついになく、または疲れが脚元に出てしまい、2度とターフに戻ってこられませんでした。

あのエピファネイアも同じく、菊花賞の後遺症に苦しんだ馬の1頭です。本質的には中距離馬である同馬が菊花賞を勝ったのち、再び本来の力を出せる状態まで立て直すのにおよそ1年の歳月が必要でした。そして、2014年のジャパンカップにおける並はずれたパフォーマンスこそが、成長を遂げたエピファネイアの本来の姿だったのです。

スピード化が進む現代の競馬において、長距離戦を走るために生産・育成された馬は珍しく、ほとんどの馬は本質的にはマイル前後を得意とするスピード馬です。キタサンブラックも体型的にはステイヤーでしたが、血統的には父の父はサンデーサイレンス、母の父はサクラバクシンオーと、いかにもスピードに優れた配合でした。そのようなスピード化された馬たちにとって、さすがに3000mを超えるような長距離のレースを完走することは決して楽ではないのです。

本質的には合わない距離のレースを走ると、それだけダメージが残ります。自分の慣れた環境や得意とする舞台であれば感じなかった肉体的・精神的疲労が、そうではない状況下においては尾を引くのは僕たち人間も同じでしょう。日本ダービーほどではありませんが、菊花賞を勝った馬や最後まで力を出し尽くして激走した3歳馬が、しばらくの間、目に見えない疲れを引きずって勝ち切れなくなってしまうという例は毎年のように見られます。現代の日本馬たちにとって、3000mを超える距離のレースはそれだけで苛酷なのです。

②の不良馬場で行われるレースは、単に走りにくいという理由で、字ヅラの距離以上のスタミナを要求され、肉体的・精神的な疲労も想像を絶します。いつもとは違うフォームで走ったり、必要以上に力を入れて踏ん張ったりすると、あとから身体がガタガタになっていることに気づくことは僕たち人間も同じでしょう。ただでさえ走りにくい中で、前を行く馬たちが蹴り上げる泥や芝生の塊が飛んできて顔面を直撃するのですから、レース自体が嫌になってしまう馬もいるかもしれません。そもそも不良馬場を得意とする馬などいませんので、本質的に合わない馬場を無理して走ったことでダメージが残ってしまうのです。

レコード決着の信ぴょう性

③のレコード決着とは、単に硬い馬場で行われたレースということではなく、極限のスピードが問われるようなパンパンの馬場において、全体的に速いラップを刻んだ、内容的に厳しいレースということです。ラスト3ハロンだけの競馬であれば消耗は少ないのですが、スタートからゴールまでしのぎを削るような激しい争いをしてのレコード決着を制する、またはその争いに加わることは

サラブレッドの肉体をむしばむのです。

少し脱線しますが、掲示板にレコードの赤い文字が灯ると、必ずと言ってよいほど、「オオー!」というため息にも似た驚きの声が上がりますね。競馬がコンマ1秒を争うレースである以上、これまでの誰よりも速くゴールを駆け抜けた馬を称賛し、そのレースを高く評価するのは当然と言えば当然のことです。そこに僕たちの速さに対する幻想も加わって、レコードタイムに対する価値は否が応でも上がります。

この時点では、レコードタイムで勝った馬が、次のレースで負ける姿を想像しがたいはずです。しかし、これだけレコードタイムが連発される今の競馬において、僕たちはレコードタイムを本当に信じてよいのでしょうか。レコードタイムで走ったという事実は、果たしてどのような意味を持つのでしょうか。

結論から述べると、レコードタイムには信じてよいものと疑ってかかった方がよいものがあります。両者を隔てる基準は、「2着以下の馬との差」と「自分で作ったものかどうか」です。

ひとつめの「2着以下の馬との差」について述べると、2着以下の馬との差が大きければ、そのレコードタイムは価値があります。つまり、その馬は強いレースをしたと考えてよいのです。反対に、2着以下との差がわずかであれば、そのレコードタイムの価値は疑問です。なぜかと言うと、2着以下の馬も同じような速いタイムで走ったということは、もしかすると速い時計の出やすい条件であった可能性が高いからですね。G1レースのような上級の競走でない限り、2着以下の他の馬たちもレコードに近いタイムで走られる強い馬であったとは考えにくいのです。

2つめの「自分で作ったものかどうか」については、そのレコードタイムをどこまで自分自身の能力で作ったかどうかということです。昔から、逃げ馬が作ったレコードタイムは価値が高いと言われます。つまり、誰かに引っ張ってもらったのではなく、自らの力で刻んで作ったレコードタイムでなければ、本当の意味において能力の証明にはならないということです。

かなり昔の話になりますが、マティリアルという馬がいました。父パーソロン、母の父がスピードシンボリという、まさにあのシンボリルドルフと同じ血統構成で、さらに岡部幸雄騎手が鞍上とくれば、競馬ファンが期待しないわけにはいかないでしょう。マティリアルの名が一気に全国区となったのは3歳春のスプリングステークスでした。道中11番手の遥か後方からレースを進め、誰が見ても届かない位置から、全馬をまとめて差し切ったレースはあまりにも衝撃的でした。しかも、勝ちタイムは1分49秒3というレースレコード。マティリアルは一躍、クラシック戦線の主役に躍り出たのです。

ところが、このスプリングS以降、マティリアルは目を覆いたくなるような走りを繰り返すことになります。断然の1番人気で臨んだ皐月賞は3着、これまた1番人気に祭り上げられたダービーではなんと18着と惨敗を喫します。そして、それから2年間にわたって人気を裏切り続け、最後のレースとなった京王杯オータムHを勝つまで、たったの1勝もできなかったのです。

こうして振り返ってみると、マティリアルはスプリングSで実力以上に派手な勝ち方をしてしまったということなのでしょう。前の馬が無謀とも思えるペースでレースを引っ張ったことで、先行馬たちがゴール前で総崩れを起こし、後ろで力を温存していたマティリアルが漁夫の利を得ただけでした。レースレコードも、この馬自身の力ではなく、引っ張ってもらって作った以上、あまり信用できるものではなかったということになります。このように、レコードタイムという事実は同じでも、その内容によって価値の解釈が全く異なるのです。

僕たちはレコードタイムを素直に信じてはいけません。そのレコードには本当の価値があるかどうか、「2着以下の馬との差」と「自分で作ったものかどうか」という2点を踏まえた上で、しっかりと吟味しなければならないのです。

キタサンブラックが勝った２０１７年の天皇賞・春のタイムは3分12秒5のレコード。あのディープインパクトが２００６年に刻んだ3分13秒4という記録を、大幅に更新してみせました。2着馬との差こそ1馬身と少しですが、実際は5着以下の馬たちとの差は大きく、決してどの馬でも走れる時計であったわけではありません。特に、キタサンブラック自身はこの厳しい流れを2番手で追走し、自ら動いて勝ちに行ったように、ほぼ自分で作ったレコードタイムです。この天皇賞・春のレコードタイムの価値は高く、勝ったキタサンブラックは文句なしに強いです。

キタサンブラックは２０１７年だけでも、ダメージが残る3つの条件（「長距離」、「不良馬場」、「レコード決着」）に当てはまる2つのレースを制してみせました。２０１７年の天皇賞・春はキタサンブラックのベストレースと言っても過言ではありません。長距離戦でのレコード決着という2つの条件が重なったことにより、さすがに次走の宝塚記念は9着と凡走してしまいましたが、休養を挟んですぐに立ち直ったのには驚かされました。

2017年の天皇賞・秋は不良馬場で行われ、馬場の悪い内を走って先頭に立って押し切りました。ダメージが残っていた次走ジャパンカップでも3着と好走（凡走？）し、そこから引退レースとなった有馬記念では勝利するという超回復を見せてくれたのです。他馬が苛酷なレースのダメージや疲労から抜け出せずに凡走を繰り返す中、キタサンブラックだけは（本格化してからは）連敗を喫することは一度もなく、へこたれずに最後まで走り切ったのです。これを並はずれた体力、回復力と言わずしてなんと言いましょう。

派手な追い込み勝ち後は凡走する

マティリアルが登場したので話しておきますと、競馬において最もインパクトの強い勝ち方は、派手な追い込み勝ちではないでしょうか。どう見ても届かない位置から、直線だけで他馬をゴボウ抜きにするシーンは、見ているだけでも爽快です。今や伝説となっているマヤノトップガンの天皇賞・春、ダンスインザダークの菊花賞、デュランダルのマイルチャンピオンシップ、ダートですとブロードアピールの根岸ステークスなどが思い浮かびます。派手な追い込み勝ちをした馬は、いかにも強いという印象を与えますが、その反面、次のレースでは力を発揮できずに凡走してしまうことがほとんどです。

最大の理由としては、豪脚を使ったことによる肉体的な負担が大きく、次のレースで反動が出るからです。他馬の上がりを1秒以上も凌ぐ末脚を使うことで、競走馬が被る肉体的な負担は想像以上に大きいのです。速い時計の出やすい馬場であればなおさら。次走で凡走するならまだましで、脚元に負担が掛かったことにより故障してしまう馬も少なくありません。冒頭のマヤノトップガンとダンスインザダークは、いずれもそれをきっかけに引退しており、まさにこのケースに該当します。

現代の日本競馬の馬場に当てはめて、より具体的に示すとすれば、他の出走馬と比べて1頭だけ違う速い脚（ラスト3ハロン32秒～33秒台）を使って差し切った次のレースは凡走しやすいと言い換えてもよいのではないでしょうか。サラブレッドにとって、スタートしてからある程度の速いペースで走り、レースの最後にさらにペースを上げ、1ハロン10秒後半から11秒台前半のラップを続けて3回刻むことは、（脚元を含め）肉体的な限界に近づくことを意味します。時計の出やすい絶好の馬場であるからこそラスト3ハロン32秒から33秒台という数字が出るのですが、それゆえに、勝つために能力を出し切った馬、もしくは能力以上のものを出し切った馬にとっては、レース後の反動が大きいのです。

このことを僕に示唆してくれたのは、藤沢和雄調教師の管理馬であったスティンガーという牝馬でした。スティンガーは父サンデーサイレンス、母の父アファームドという超良血馬であり、長距離輸送を含めた中1週のローテーションで阪神3歳牝馬S（現在の阪神ジュベナイルフィリーズ）を制した才女でもあります。スティンガーは古馬になってからも牡馬を相手に走り、2000年と2001年の京王杯スプリングCを連覇しました。藤沢調教師は京王杯スプリングCにおける2つの勝利を比べて、2001年の方が「いい競馬だった。あまりいい脚で競馬を差してしまうとあとが怖いから」（「スーパートレーナー藤沢和雄」）と語りました。

勝ち時計や馬場状態の差もあることを百も承知で述べると、武豊騎手が乗って勝った2000年のレースは道中を最後方から進み、1頭だけ33秒台（33秒6）の末脚で差し切ったのに対し、岡部幸雄元騎手が騎乗した翌年（2001年）は中団を進んで34秒3の上がりで他馬をねじ伏せました（他にも34秒台で上がった馬は9頭もいました）。つまり、派手に差し切ったように見えても、1頭だけ極端に速い脚を使って勝つことで、肉体的な負担は大きくなるということです。スティンガーはいずれにしても次走の安田記念では敗れてしまったのですが、管理する調教師はレース後の馬の様子を見てダメージを実感するのでしょう。

休養への入り方が休み明けの成績を決める

競走馬はレースの間に休養を挟むことで心身を回復させます。言葉にすると簡単に思えますが、実はこの休養に入ることに伴う問題は複雑であり、関係者たちが頭を悩ませるところでもあります。それは休養中の過ごし方が休養明けの成績に直結するからであり、さらにさかのぼって考えてみると、休養への入り方が休養中の過ごし方、そして休養明けの成績に大きな影響を与えるからです。全てはアップダウンするバイオリズムなのです。

休養への入り方の難しさを僕が知ったのは、２００５年の宝塚記念のことです。先ほども登場した東の横綱であるゼンノロブロイは、２００４年の秋シーズンにおいて、テイエムオペラオー以来、史上２頭目となる天皇賞・秋↓ジャパンカップ↓有馬記念という３連勝をやってのけたのち休養に入りました。これだけの偉業を達成した名馬であり、たとえ休み明けであっても人気に推されたのは当然でしたが、僕にはゼンノロブロイが好走できるとは到底思えませんでした。なぜなら、天皇賞秋↓ジャパンカップ↓有馬記念の３戦で激走したのちに休養に入り、ぶっつけで宝塚記念というローテーションは、２００３年に凡走した同厩馬シンボリクリスエスのそれと酷似していたからです。

3歳時のシンボリクリスエスは、2002年の天皇賞・秋で古馬を一蹴すると、続くジャパンカップでも世界の強豪を相手に3着し、そして暮れの有馬記念ではタップダンスシチーを豪快に差し切って年度代表馬に輝きました。成績を見るだけでも、この秋、シンボリクリスエスにかなりの負担が掛かっていたことは想像に難くありません。あらん限りの力を出し切った抜け殻の状態で、シンボリクリスエスは休養に入ったことになります。

2003年の宝塚記念では、半年間の休養を挟んで万全の体勢で臨んだものの、1番人気を裏切り5着に敗れてしまいました。実際にかなりの本数を乗り込んでいましたし、当日の馬体を見ても、力を出せる状態にまではほぼ完全に仕上がっていたことは間違いありません。休み明けとしては仕上がりに寸分の狂いもなかったのです。それでも敗れてしまったのは、目に見えない部分で、前年度の疲れが尾を引いていたからに他なりません。たとえどのような調教が施されたとしても、宝塚記念でシンボリクリスエスが凡走することは必然であったとも言えますね。

シンボリクリスエスの敗因は、稽古が足りなかったわけでも、逆にやりすぎたわけでもなく、前年度に全く余力が残っていない状態で休養に入ったということにありました。おつりを残した状態で休養に入ることができれば、その分回復も早いのですが、１００％以上の力を出し切ってしまった状態で休養に入ると、その反動により、回復にかなりの時間を要する、または調教だけで立て直すのは難しいのです。つまり、休養への入り方が、休み明けの成績に大きな影響を及ぼすのです。案の定、ゼンノロブロイも２００５年の宝塚記念は3着に終わりました。休み明け初戦のレースで好走するか、それとも凡走するのかを見極めるためには、中間の動きや仕上がり状態だけではなく、どのような形で休養に入ったのかまでさかのぼって見直してみると良いですね。

トライアルレースの見方

トライアルレースの見方について触れておきましょう。クラシック戦線に向けたトライアルレースが行わる季節になると胸が高鳴りますよね。有力馬たちはどのようなレースを見せてくれるのか、果たして伏兵馬は現れるのか。僕たち競馬ファンだけではなく、それぞれの関係者の想いが交錯し、織り成されるドラマの伏線となるのがトライアルレース。そして、その名の通り、本番であるＧ１レースへ向けて、いろいろなことを試してみることができるのも、トライアルレースなのです。

たとえば新しい馬具を装着してみたり、調教のスタイルを変更してみたりという細かい試みから、騎手を交代してみたり、脚質を転換してみたりという大胆な試みまで。さすがに本番ではできないようなことを試してみる最後のチャンスとなります。やってみて失敗したら改めれば良いし、成功したらそのまま本番に向かいます。

そのような試みの中で、〝脚を測る〟ということがあります。前半ゆっくりと走らせたら、最後にどれぐらいの脚を使ってくれるのか。またはスタートから出して行き、これまでよりも前のポジションで追走させたら、直線に向いたときにどれほどの脚が残っているのか。さらに他のライバル馬たちは、どのような走りをして、どれほどの脚を持っているのか。自分の馬の脚はもちろん、本番でも対決することになるであろう他馬の脚もトライアルレースで測るのです。

かつて武豊騎手はトライアルレースで良く脚を測っていました。たとえトライアルレースで差し損ねたとしても、本番では計ったように差し切る。逆にトライアルレースでわずかに差されてしまっても、本番では頭ひとつ出て先頭で粘り込む。トライアルレースで試したことを本番に生かすことで、騎乗馬の能力を十全に発揮させ、G1ホースの栄冠に輝かせたのです。僕の記憶に鮮明に残っているのは、武豊騎手がナリタタイシンを駆って1993年のクラシックレースを戦ったときのことでした。

この年のクラシック戦線にはウイニングチケットとビワハヤヒデという2強がいて、それにナリタタイシンを加えると3強という勢力図でした。ウイニングチケットには柴田政人騎手、ビワハヤヒデには岡部幸雄騎手という当代のトップジョッキーが騎乗していました。武豊騎手は当時まだ20代であり、挑戦者としての立場でした。弥生賞から武豊騎手に乗り替わることになったナリタタイシンは、ライバルであるウイニングチケットとほぼ同じタイミングで動き始めたにもかかわらず、ゴール前では脚が上がってしまい2着に敗れました。

ウイニングチケットと同じだけの脚がナリタタイシンにないことを悟った武豊騎手は、本番の皐月賞ではギリギリまで脚を溜めることを決意しました。ウイニングチケットがビワハヤヒデを捕らえるために、弥生賞よりも早く動き出すことも織り込み済みだったに違いありません。皐月賞は武豊騎手の思い描いた筋書き通りに進み、ゴール前で失速したウイニングチケットを後目に、ナリタタイシンはほぼ最後方からビワハヤヒデを首差で差し切ったのです。

トライアルレースと本番は密接な関係にあり、トライアルレースの乗り方は本番以上に難しいです。本番はただ勝つためだけに乗れればよいのですが、トライアルレースはそのレースだけではなく、次のレースに勝つように乗ることも求められるからです。ウイニングチケットは弥生賞を完勝したばかりに、その脚を過信してしまい、本番の皐月賞では結果的に早く動きすぎてしまいました。ナリタタイシンは真っ向勝負では分が悪いことが分かったことで、本番は脚を溜める作戦に活路を見出したのです。

2016年のクラシック戦線では、朝日杯フューチュリティSを豪快な末脚で差し切ったリオンディーズにとって、弥生賞における乗り方は難しかったはずです。前走は勝つことをさほど意識することなく、折り合いと馬のリズムを狂わせないことに重きを置いて乗った結果、気がつくと桁違いの脚を使ったという無欲の勝利でした。兄エピファネイアの同時期と比べ、馬体はヒョロヒョロとして薄く、頼りない面もあっただけに、前半をゆったりと走らせたのが良かったのでしょう。

しかし、同じような競馬が中山競馬場で行われる弥生賞や皐月賞で通用するとは思えませんでした。陣営はそんなこと百も承知でしょう。弥生賞は本番を見据え、馬をある程度前のポジションにつけるレースを試みるか、もしくは先々を考え、ひたすらリオンディーズの走るリズムを守ることにこだわるか。その選択は難しかったはずです。ポジションを取りに行けば、兄譲りの引っ掛かり癖が表出するかもしれず、また後ろからゆっくりと走らせれば、最後の直線が短い中山競馬場では届かない可能性があります。このように、トライアルレースでは、それぞれの陣営の試みや駆け引きを予想しながら馬券を買ってみると面白いですし、その視点は本番にもつながっていくはずです。

3強対決はモンティ・ホール問題で

気分転換に頭の体操をしましょう。先ほどビワハヤヒデとウイニングチケット、ナリタタイシン世代の話題が出ましたので、3強問題の解決方法についてお話しします。これはサトノダイヤモンド、マカヒキ、リオンディーズの3頭の強さが傑出していた2016年の牡馬クラシック戦線にて思いつきました。この年は弥生賞でエアスピネルに騎乗した武豊騎手が、「負けている気はしないのに3着。今年は強いなぁ。いいレースをしていて、普通に勝っているレベルなのに」と嘆いたように、血統的にも実力的にも、普通の世代であれば頭ひとつ抜きん出ている存在の馬がなんと3頭も、同世代のクラシック戦線に乗ってきたのです。

新馬戦の走りを見たときから、サトノダイヤモンドが今年の世代の1番馬であると僕は考え、週刊「Gallop」の連載でも未来のダービー馬と称しました。朝日杯フューチュリティSを制したリオンディーズの強さは知っていましたが、やや荒っぽい競馬をしたこともあって、サトノダイヤモンドのレースセンスの良さを上に見ていました。ところが、弥生賞が終わり、リオンディーズが皐月賞を勝つための競馬を試した（トライアルレースについては後ほど言及します）ことを評価しつつも、マカヒキという馬の美しさに心を奪われてしまったのです。ディープインパクトをひと回り大きくしたような、父にそっくりなマカヒキの走りに、もしかしたらこの馬が1番馬だったのかもしれないと考えを改めつつありました。そう、僕の心は3強の間で揺れ動いていたのです。

3頭のうち、どの馬を選ぶべきなのかを考えたとき、モンティ・ホール問題という確率論の話が思い浮かびました。モンティ・ホールという人物が司会者を務めるアメリカのクイズ番組にて出題された、「扉が閉まった3つのドアがあり、ひとつのドアの後ろには当たりを意味する新品の車が、残りの2つにはハズレを意味する山羊（やぎ）がいる。最初に解答者がひとつのドアを選び、次に残りの2つのドアのうち、ハズレの方のドアをモンティが開けてみせる。ここで解答者は、最初に選択したドアからもうひとつのドアに変更してもよいと言われる。さあ、君ならどうするか？」という問題です。

この難問に対して、マリリン・ボス・サバントという女性作家が「正解はもうひとつのドアに変える。そうすることで、当たる確率が2倍に増える」と自身のコラム上で回答しました。それに対し、「彼女は間違っている」という1万通近い投書が読者から殺到したそうです。その趣旨は、「どちらのドアを選んでも変わらない。ドアを変えても、確率は5分5分であり、決して3分の2にはならない」というものでした。高名な数学者さえもサバントの答えは誤りであると指摘しました。

しかし、「どちらのドアを選んでも変わらない」こそが誤りであったのです。コンピューターでシミュレーションを行った結果、答えはサバントの答えと一致しました。モンティ・ホール問題については様々な解説や文献がありますが（興味のある方はインターネットで検索してみてください）、次の説明が最も分かりやすいのではないでしょうか。

	最初の選択	残りのドアの中身（位置は考えなくてよい）
A	「当たり」←	ハズレ・ハズレ
B	ハズレ	「当たり」←・ハズレ
C	ハズレ	ハズレ・「当たり」

最初の選択で当たりを引けるケースは１つ（A）、ハズレを引いてしまうケースは２つ（B・C）ある。２回目の選択ではハズレが１つ除外されているため、当たりをひくケースは２つ（B・C）。ハズレを引くケースは１つ（A）となる。

ポイント
最初に自分がハズレを引いていれば、2回目はドアを変えれば確実に当たりが出る（残りのハズレが除外されているため）。最初に当たりを引いているケースは1つしかないが、ハズレを引いているケースは2つあるので、変えるほうが得である。

（Wikipediaより）

サバントに対して反論をしていた者たちはこれを認め、モンティ・ホール問題を巡る論争には決着がつきました。この問題が僕たちに示唆するのは、人間が直感で正しいと思える解答と論理的なそれが異なることがある、ということです。それからもうひとつ付け加えておくと、最初に自分が選んだ選択肢と違うそれに変更するのは、頭では分かっていても、心理的なハードルが高いということではないでしょうか。

さて、2016年の皐月賞の3強問題に話を戻しましょう。僕の頭では、3強のうち1頭を選ぶことが難しくなってしまったので、モンティ・ホール問題に則って論理的な解答を導いてみることにしました。3強のうちで最初に僕が直感で選んだのはサトノダイヤモンドでした。次に、残る2

頭であるマカヒキとリオンディーズのうち、モンティがどちらをハズレとして見せてくれるのかが問題ですが、ここで弥生賞馬は皐月賞をほぼ勝てない（過去10年間でヴィクトワールピサのみ）という客観的事実を用いてみましょう。そうするとマカヒキが消え、サトノダイヤモンドとリオンディーズのドアが残されます。そして、僕はリオンディーズに本命を変えることで、当たる確率を2倍にすることができるのです。

同じことを1993年に行われた皐月賞に当てはめても面白いかもしれません。当時を思い出して考えてみると、先行力があって安定感抜群のビワハヤヒデが直感的には最初の本命であり、モンティが外れとして見せてくれるのは弥生賞を勝ったウイニングチケット、そしてもうひとつのドアがナリタタイシンでした。

もちろん、3強対決とモンティ・ホール問題は、状況や前提条件などが異なることは百も承知です。実際には競馬は3頭立てで行われるわけでもありません（2016年の皐月賞を勝ったのは3強以外のディーマジェスティでした）。それでも、あくまでも思考実験として、3強問題を解決するためにモンティ・ホール問題の考え方を提案してみました。僕たちの直感と論理的な正しさは異なること、そしてときと場合によっては、自分が最初に選んだ本命馬を変えることによって当たる確率が高くなることもあるということを知っておきたいと思います。

ローテーションには相性がある

競馬には勝っていいレースと、勝ってはいけないレースがあります。なんてことを書くと、八百長を疑われるかもしれませんが、そうではありません。競馬というスポーツは、たとえどれだけ強い馬であっても、同じ馬が全てのレースを勝つことができないようになっていて、時には上手に負けなければならないレースがあるということです。勝利と敗北はいつもコインの裏表のように、今日の勝利が明日の敗北につながるのです。

たとえば、天皇賞・秋を勝つためには、宝塚記念を勝ってはいけません。なぜかと言うと、ローテーションの相性が悪いからです。宝塚記念は、これからすぐに夏競馬を迎えようとしている、春シーズンの最後に行われるレースです。宝塚記念を勝つべく仕上げられて勝った馬が、わずか4ヶ月後の秋シーズン最初のG1レースとなる天皇賞・秋を目標に万全の仕上がりで臨むことは難しい。その後にジャパンカップや有馬記念が控えていることを含め、一旦馬を緩めてそこから仕上げ直していくとすれば、どうしても中途半端な状態で出走せざるを得ないのです。

２０００年以降、宝塚記念の勝ち馬が同じ年の天皇賞・秋に出走したときの成績は、以下の通りです。

２０００年　テイエムオペラオー↓１着
２００１年　メイショウドトウ↓３着
２００２年　ダンツフレーム↓14着
２００５年　スイープトウショウ↓５着
２００７年　アドマイヤムーン↓６着
２００９年　ドリームジャーニー↓６着
２０１１年　アーネストリー↓14着
２０１５年　ラブリーデイ↓１着
２０１７年　サトノクラウン↓２着
２０１８年　ミッキーロケット↓５着
２０２０年　クロノジェネシス↓３着

同じ中距離で行われる春と秋のＧ１レース宝塚記念と天皇賞・秋ですが、あのテイエムオペラオーとラブリーデイ、サトノクラウン（２着）を除けば、恐ろしいほどに、宝塚記念の勝ち馬は天皇賞・秋で惨敗を繰り返しています。違う適性を問われるレース（宝塚記念は馬場が重く、天皇賞秋は馬場が軽い）という反論もあるでしょうし、それも正しくはあるのですが、適性の違いだけでＧ１馬がこんなにも大敗するとは思えません。適性よりもローテーションの相性の悪さが主な理由なのです。

シーズンオフに近い宝塚記念を勝つということは、春シーズンに一滴も残らず力を使い果たしてしまったことを意味します。休養を挟み、レース間隔が短いこともあって、天皇賞・秋に無事に出走することはできたとしても、目に見えない疲れが残っていたり、精神的な消耗が回復していなかったりすることは案外多いのです。同じことは宝塚記念と10月頭に行われる凱旋門賞の間にも当てはまり、実は凱旋門賞を勝つためには宝塚記念は勝ってはいけないレースなのです。

宝塚記念と天皇賞・秋が結びつかないケースとして、僕にとって最も衝撃的だったのは、1994年にビワハヤヒデが負けたそれでした。それまで一度も連対を外したことがなかったビワハヤヒデが、見せ場もなく5着に敗退してしまったのです。レース後に屈腱炎を発症していたことが判明しましたが、それも含めて同じ年の宝塚記念と天皇賞・秋を両方勝つのは難しいということを教えてくれたのです。

分かりやすく言うと、春シーズンの末期のG1レースを勝った馬は、秋シーズンの最初のG1レースには間に合わないということです。どうなるかと言うと、秋のG1シリーズ最後の方でようやく体調のバイオリズムが戻ってくるのです。たとえば、宝塚記念馬であるアドマイヤムーンはジャパンカップ、グラスワンダーやドリームジャーニーは有馬記念で復活するといった具合に。グランプリホースと呼ばれ、宝塚記念と有馬記念に強い馬がいるのも、そういう理由からです。ローテーション的に相性が良いということですね。

10

成長曲線

抽選をクリアした馬を狙え

歴史を振り返ってみると、抽選を見事クリアしてきた馬や、回避馬が出たことによって滑り込みでギリギリ出走できた馬が、本番でもあっと言わせてきた例は少なくありません。たとえば阪神ジュベナイルフィリーズで言うと、あのウオッカやブエナビスタ、朝日杯フューチュリティSではダノンプラチナなどが抽選をクリアして優勝したクチです。また、僕の記憶に今でも鮮明に残っているのは、これは抽選ではなくもう少し複雑な背景があるのですが、ギリギリ出走が叶った菊花賞を制したスーパークリークです。特に2歳戦からクラシックレースにおいては、抽選をクリアした馬、滑り込み出走が叶った馬たちの活躍は枚挙に暇がありません。なぜこれほどまでに、出走すら危うかった馬たちが本番で好走してしまうのでしょうか?

それは抽選をクリアした馬、滑り込み出走が叶った馬たちは運がいいから、ということではなく、彼ら彼女たちの「ローテーション」と「成長曲線」に秘密が隠されているのです。

まず「ローテーション」について、抽選をクリアしてきた馬は、これまでの出走過程において無理を強いられていない馬が多いということです。多いと書いたのは、全ての馬がそうではないからです。本番に出走する権利を取るために、何度もレースに出走してそれでも抽選待ちになってしまった馬もたくさんいるはずです（こういう馬は能力的に疑問符がつきます）。そのあたりは1頭1頭を検証する必要がありますが、阪神ジュベナイルFに出走したときのウオッカはキャリア2戦、ブエナビスタも2戦、ジョワドヴィーヴルに至ってはわずか1戦でした。

これが何を意味するかと言うと、これらの馬たちは、本番であるG1レースに合わせたローテーションを組んで走らされてきたのではなく、自分たちの仕上がりに合わせて大事に使われてきたということです。人間の都合ではなく、馬優先の余裕を持たせたローテーションであったということ。あくまでもその延長線上に、たまたまG1レースがあったということに他ならないのです。そこまでの過程において無理をさせてきていないからこそ、馬に余力が十分に残っているということになります。

次に「成長曲線」についても、余裕を持たせたローテーションとリンクしてきます。馬の仕上がりに合わせるとは、馬の成長に合わせたローテーションということです。特に若駒の間は、レースを使うことによって、成長を大きく阻害してしまうことがあります。2歳戦からクラシック戦線にかけて、数多くのレースを使うことは、マイナス材料にこそなれ、決してプラス材料にはなりません。レース経験の少なさは、馬の能力と騎手の手綱で補うことができます。つまり、本番のレースに出走するために、馬をキッチリ仕上げてトライアルレースなどを勝った馬たちに比べ、成長を阻害しない程度のゆったりとした仕上がりで走ってきた馬たちは、上積みが見込めるばかりではなく、本番のレースへ向けて上向きの成長カーブで出走してくることが可能になるのです。

これらのことからも、余力が十分に残っていて、上向きの成長カーブを辿っている馬が、もし抽選をクリアして出走することができたとしたら、本番でも好走する確率が高いことは自明の理でしょう。2歳戦からクラシック戦線において、抽選をクリアして出走してきた馬、滑り込みで出走してきた馬には大いに注目すべき理由です。

ただひとつ、2歳戦からクラシック戦線において抽選をクリアした馬を狙うという方法の問題点は、抽選が行われる木曜日までは、どの馬が出てくるか（こられるか）分からないということです。そう考えると、抽選待ちのある2歳戦からクラシック戦線のG1レースは、出走馬が決まってから予想をし始めた方がいいのかもしれませんね。

早い時期の重賞は早生まれを狙え

僕は3月7日が誕生日のいわゆる早生まれ。1年を区切りとして見ると早生まれですが、学年という区切りで見ると遅生まれ。前年の4月に生まれた子どもたちと、およそ1年近い成長期間の差があるにもかかわらず、同じ学年ということになります。今の僕の年齢にもなればほとんど差はなくなりますが、まだ小さい頃の成長過程における1年の差というものは意外に大きいものです。

だからということではないかもしれませんが、僕は小さい頃から何をやっても人並み以上にできたことはありませんでした。クラスで背の順に並ぶと、前から2、3番目が定位置でした。物心つくのも遅く、小学4年生より前の記憶がほとんどありません。勉強も中の上ぐらいだったはずです。つまり、肉体的にも精神的にも、同世代の子どもたちとは周回遅れと言ってよいほどの完成度の差があったということです。遅生まれの何が問題かと言うと、僕たちの人間社会は学年で区切られるため、1年もの成長期間の差がある子どもたちが同じ土俵で競争し、評価されるということですね。

競馬の世界にも同じことが当てはまります。基礎能力というものがあるため、早く生まれたらそれで良いということではありませんが、もし同じ能力を持って生まれたとしたら、早く生まれた方が圧倒的に有利ということです。その分、成長も早く、早くから馴致や育成に入れて、早くからデビューすることを期待できます。勝って賞金を稼いでおくことで、その後のローテーションで無理をすることなく、馬の成長を促しながら調整を進めることもできます。だからこそ、早生まれの馬はクラシック戦線に乗りやすく、遅生まれの馬は若駒の頃はよほど能力が高くないと厳しい戦いを強いられるのです。

また生産者にとっては、早生まれの馬は馬体の完成度が違うので、セリなどで馬を売りやすくなります。馬は人間と比べて成長のスピードが速いため、誕生日が1ヶ月も違えば、たとえば2月生まれの馬と3月生まれの馬では、まるで別馬のように見えるのです。買い手も分かっていても、歴然とした完成度の違いを目の前にすると、つい早生まれの馬に手を伸ばしたくなります。最終的には、生まれた月日の差などほとんど関係なくなるのですが、サラブレッドが競走馬としてデビューしてからクラシックに至るまでの早い時期には、大きな違いとして存在するのです。

それでは、なぜ生産者はこぞって早生まれのサラブレッドを目指さないのでしょうか。統計的には、3月、4月生まれの馬が最も多く、2月、5月生まれの馬はその半分、1月、6月生まれの馬は少ない。早生まれの馬が有利だと分かっていながら、それでも1月、2月生まれの馬がそれほど多くはないのには理由があります。それは気候的に暖かくなる3月、4月に生まれた方が育てやすいからです。たとえば放牧地が完全に凍ってしまっているなど、冬の寒さが極限まで達しているような環境において、新生子を育てるのは何かと大変なのだそうです。だからこそ、ほとんどの生産者は、暖かくなってから生まれるように、受胎してから出産までのおよそ11ヶ月という期間を計算しつつ、前年に種付けをする時期を選ぶのです。

しかし、もし環境が整うのであれば、できるだけ早い時期に誕生させようとするのは自然な発想です。有力な種牡馬のほとんどを所有し、あまたの繁殖牝馬を抱え、早く生まれた新生子を快適な環境で育てることができる施設や人材があれば、できるだけ早めに種付けを行い、受胎することで、早く生ませることが可能になります。血統構成や配合という話以前に、誕生した月日によって大きな差をつけることができる、かなり有効な戦略だと思います。

そのような視点を週刊「Gallop」に綴ったのは、2017年きさらぎ賞の週のコラムでした。きさらぎ賞に出走予定の有力馬を、生まれた月日の早い順に並べてみると、以下のようになりました。

アメリカズカップ　2月7日
スズカメジャー　2月16日
サトノアーサー　3月1日

タンビュライト　３月３日

２月の早生まれの馬が２頭出走していただけではなく、ほとんどの馬たちは３月生まれでした。

この時期の重賞に駒を進めてくるような馬は、やはり早生まれなのです。クラシック本番を迎える春になれば、グッと大きな成長を遂げる遅生まれの馬も出てくるかもしれませんが、２月に行われるきさらぎ賞においては、その時点の完成度の差がレースの結果に現れてしまいやすいのです。

よって素直に、最も早生まれのアメリカズカップを狙っ

2017年2月5日（日）2回京都4日 天候：曇 馬場状態：重

11R 第57回きさらぎ賞

3歳・オープン・G3（別定）（国際）（特指）芝1800m・外 8頭立

着	枠	馬	馬名	性齢	騎手	斤量	タイム(着差)	人気	厩舎
1	7	7	アメリカズカップ	牡3	松若風馬	56	1.50.1	6	(栗)音無秀孝
2	1	1	サトノアーサー	牡3	川田将雅	56	1 3/4	1	(栗)池江泰寿
3	4	4	ダンビュライト	牡3	ルメール	56	アタマ	2	(栗)音無秀孝
4	5	5	プラチナヴォイス	牡3	和田竜二	56	1 1/4	3	(栗)鮫島一歩
5	6	6	エスピリトゥオーゾ	牡3	四位洋文	56	1 3/4	7	(栗)木原一良

単勝	7	¥1720						
複勝	7	¥230	/	1	¥110	/	4	¥130
馬連	01-07	¥960						
ワイド	01-07	¥390	/	04-07	¥690	/	01-04	¥190
馬単	07-01	¥3580						
3連複	01-04-07	¥1210						
3連単	07-01-04	¥14180						

てみました。前走の朝日杯フューチュリティSは大外枠から無理に先行する形で脚を失い、最後の直線で伸び切れませんでした。それでも大きく負けてはおらず、今回はスムーズに流れに乗れれば、完成度の違いを生かして巻き返してくるはずと考えたのです。つまり、早い時期に行われる重賞レースは、早い時期に産まれた馬に注目してみると良いということですね。

キャリア2、3戦目の人気馬が飛ぶ理由

今でも親に良く言われることで、僕は幼稚園の駆けっこではいつもビリだったそうです。ヨーイドンの合図で、他の子たちが一生懸命に走り出しても、僕だけは一向に走ろうとしなかったと言います。その頃の僕には、誰よりも速くゴールするという競走の意味が分かっていなかったのです。人としての成長が遅いのは今も変わらずですが（笑）、他の子どもたちに比べて物心がつくのが遅かったのでしょう。

競走馬のデビュー戦も幼稚園児の駆けっこのようなもので、訳もわからないうちに終わってしまうことが多いです。もちろん、物心がつくのが早い馬と遅い馬がいて、デビュー前の調教から好タイムを連発し、新馬戦を圧勝するような馬は前者です。新馬戦では、身体の完成度が高いだけではなく、気持ちが走るということに向いているかどうかも問われます。

しかし、2〜3戦目ともなると話は別で、レースでは他馬よりも速く走らなければならないことを、ほとんどの馬は理解し始めます。そして、このあたりが競走馬としての分岐点となるのです。レースや調教というものを理解し、ようやく競走馬としての本能が目覚める馬もいれば、反対に、レースに行くと目一杯に走らされて苦しいことを知るため、走ることを嫌がるようになる馬もいます。もちろん、後者の方が圧倒的に多いのですが、その苦しさを克服しない限り、能力を発揮できるようにはならないのです。

また、ソエが出たりと、競走馬としての疾病に悩まされ始めるのもこの時期です。ソエは若駒に良くある症状で、骨が完全に化骨していない成長途上の馬の管骨に過度な負担が掛かると発症します。昔はソエが出たら赤飯を炊いていたらしいですが、重症化すると腫れや痛みを伴って競走能力に大きな影響を与えます。ソエが治っていない状態で違和感を抱えたまま出走することになれば、馬は痛がったり、走ることを嫌がります。競走馬がイレ込むのは、肉体的な苦痛が原因になっていることも多いのです。キャリア2、3戦目の人気馬が突如として飛ぶのはこういう理由です。

11

無敗

無敗の馬の弱点は弱点を見せていないこと

「無敗という事実には無限の可能性がある」

競馬仲間である高校時代の友人から教えてもらったこの概念を、僕は今でもはっきりと覚えています。彼は今や大学教授になったほどの数学オタクで、人に教えるのも上手く、高校に入ってから数学が苦手になった僕は、良く彼に教えてもらっていました。彼に補助線を引いてもらうと、それまでの霧が一気に晴れたように感じたものです。

彼がこの言葉を発したのは、1998年のNHKマイルCでのことでした。新設されて間もないG1レースで、当時はスピードと仕上がりの速さに優る外国産馬の独壇場になっていました。そして、この年のNHKマイルCには、無敗の馬がなんと4頭も出走してきたのです。新馬戦から4連勝中のエルコンドルパサーが1番人気に推され、トキオパーフェクトやロードアックス、シンコウエドワードらの無敗馬がそれに続きました。

無敗の馬たちの中でどの馬が本当に強いのか、僕たちは嬉々として予想しました。たとえ1度でも負けていたら、その馬の能力の限界はある程度において推測することができますが、事実として

1度も負けたことがないのですから、能力の底がどこなのか分かりません。彼が言いたかったのは、実無限とか可能無限とか、アルキメデスは亀に追いつくか追いつかないのか、そういう数学的なことだったのかもしれません。その隣で僕は無邪気に、もしかするとここにシンボリルドルフのような名馬が潜んでいるかもしれないと果てしない空想に耽っていたのでした。

結果としては、エルコンドルパサーが5連勝で危なげなくNHKマイルCを制し、2着にもシンコウエドワードが突っ込み、無敗馬同士のワンツーフィニッシュとなりました。エルコンドルパサーはその後、ジャパンカップを3歳にして勝利し、海を渡って凱旋門賞ではモンジューの2着と、世界レベルの伝説の名馬となりました。僕は無敗の馬の無限の可能性を改めて体感したと共に、エルコンドルパサー以外の無敗の3頭が敗れ、その後は鳴かず飛ばずであった事実ものちに確認しました。無敗とは、いつか負けるというサインでもあるのです。

今となっては、無敗であることはリスクでもあることを僕は知っています。無敗であることの最大のリスクは、弱点が分からないまま、ここまで来てしまったことです。無敗のキタノカチドキに跨がって1974年の日本ダービーに出走した、武邦彦騎手のレース後のひと言に、そのことは表れています。

「馬にすまないことをしたと思いました。生涯に1度のチャンスを生かしてやれなかったことを詫びましたよ。もし、キタノカチドキがダービーまでに1度でも負けていれば、僕はダービーを勝てていたのではないかと思っているんですよ」

キタノカチドキは皐月賞で単枠指定を日本で初めて受けたほどの強い馬でした。皐月賞も1馬身半差で7連勝目を飾ると、もはや日本ダービーは勝って当たり前という雰囲気になりました。武邦彦騎手はこのときのジョッキーとしての緊張感を、「不安を通り越して、恐怖を感じた」と表現しました。厩務員のストによる日程変更や7枠19番という外枠発走など様々な要因が重なり、日本ダービーの最後の直線で苦しくなったキタノカチドキは、ヨレたのです！

このロスが致命傷となり、キタノカチドキは1馬身差の3着に敗れてしまいます。直線でヨレるという弱点（癖）を分かっていれば、もしかしたら武邦彦騎手ならばなんとかできたかもしれません。本番まで弱点を見せることなく順調に来てしまっていたから、いや、見せていたのでしょうが、致命傷にはつながっていなかったからこそ、いざ本番という極限の状況においてどうすることもできなかったのです。極限の状況だからこそ、弱点が噴出しやすく、また挽回が利きにくいのです。

無敗馬はまずは疑ってかかるべきです。4連勝、5連勝ときている馬と同様に、いやそれ以上に、無敗の馬は今回のレースで負ける可能性が高いのです。体調を維持することの難しさや相手が強くなることによる能力の壁に加え、自分の弱点が分からないまま来てしまっているという怖さを秘めているからです。シンボリルドルフやディープインパクトのような最強馬であっても、体調が悪かったり、相手が強ければ負けてしまいます。弱点のない馬はいません。そう考えると、無敗の馬は無限の可能性があるというよりも、むしろ一歩ずつ敗北に近づきつつあると言えるのではないでしょうか。

連勝が止まった馬の次走は凡走

連勝をしてきた馬が、突如としてあっけなく負けてしまうことがあります。その理由は主に2つあって、ひとつは勝利を重ねていくうちに相手が強くなってくるから、もうひとつは体調を維持することが難しいからです。そんな中でも、4連勝、5連勝できる稀な馬もいます。高い能力を秘めていることの証明であり、真似しようと思ってもできない芸当でしょう。こうして何連勝もできる馬は間違いなく強いのです。

しかし、そんな強い馬でも、一度連勝が途切れてしまうと、その後が続かないことが案外多い。それまでの連勝がまるで嘘のように、勝てなくなってしまったり、再び力を発揮できるようになるまで多大な時間が掛かったりします。

このことを初めて思い知らされたのは、今から30年前にさかのぼる、1990年の天皇賞・秋。実は僕が競馬を始めた年でもあり、初めて競馬場に足を運んだ日でした。この年の天皇賞・秋にはあのオグリキャップが出走していて、どのスポーツ新聞を見ても「オグリキャップ！」の文字が躍っていました。宝塚記念以来のぶっつけで臨んできたオグリキャップが、どのように劇的に復活するのか、そこに競馬ファンとマスコミの焦点は集まっていました。そんな逆らいがたい雰囲気に流されつつも、僕には1頭だけどうしても気になる馬がいたのです。

マキバサイクロンという馬です。父オランテ、母の父テューダーペリオッドという地味な血統（当時はそんなこと知る由もない）ながらも、天皇賞・秋の前哨戦である毎日王冠まで4連勝してきた馬でした。900万下条件を2度勝ち、安達太良Sを勝ち、返す刀で関屋記念を制しました。4連勝の勢いで臨んだ毎日王冠は負けてしまったものの、勝ち馬とは僅差の2着。この強さは本物で、天皇賞・秋でも勝つチャンスは十分にあると思えました。何よりも、競馬を始めたばかりの僕にとって、競馬新聞の馬柱がほとんど1着で埋め尽くされていることと、竜巻という雄々しい名の響きに魅力を感じてしまったのです。

ところが、僕の期待に反して、マキバサイクロンは13着に大敗してしまいました。オグリキャップが負けたことで騒然とする競馬場で、ただひとり僕は競馬新聞の馬柱をもう一度見直していました。あれほど強かったマキバサイクロンが、なぜこうもあっさりと惨敗してしまったのだろうか。マキバサイクロンから、連勝していたときの輝きはなぜ失せてしまったのだろうか。考えてみたものの、当然のことながら、その当時は答えに至ることはありませんでした。マキバサイクロンは、その後1勝もすることなくターフを去りました。マキバサイクロンの謎は謎のまま残りました。

今ならば分かります。連勝が止まった馬がその次のレースでもまた負けてしまうのは、肉体的にも精神的にも切れてしまうからです。リズムが途切れると言い換えても良いかもしれません。これは先ほどお話しした、連勝している馬があっけなく負けてしまう2つの理由と密接に関係しています。連勝している馬には陣営の負けたくないという気持ちが伝わり、常に100%に仕上げられるため、連勝が途切れた途端に体調は下降線を辿ってしまうことになります。

また、クラスの壁にぶち当たって連勝が止まった馬にとって、どれだけ一生懸命走って力を出し切っても、これまでのように他馬に勝つことができなくなってしまうのです。これらの理由が重なると、2度と立ち直れなくなってしまう馬も多いのです。つまり、連勝している馬は危険であると共に、連勝が途切れてしまった馬の次走以降は特に危険ということです。

名馬は2度続けて負けない

名馬とはどのような馬でしょうか？　名馬の定義は様々であって、競馬にたずさわる者が10人いれば、10通りの定義があるはずです。競馬評論家の故大川慶次郎氏は、「僕は、違う時代のどの馬が強いかって勝手に考えるのは、馬に対してちょっと気の毒なような気もするし、順番はつけにくいんだけど。ただ、馬は（中略）体調が悪くても、それを克服して、着外にならないのが強い馬だという考え方なんですよね。ですから、僕が選ぶのはシンボリルドルフ。3着が1回、ジャパンカップね。それから秋の天皇賞で2着、あとぜんぶ勝ったでしょ」と語りました。

大川慶次郎氏の考えに完全に同意しつつ、名馬の条件のひとつとして、「2度続けて負けない」もあると僕は思います。同じ相手にと言う枕詞言葉をつける場合もありますが、名馬は同じ過ちを2度繰り返さないという意味です。シンボリルドルフは、その戦歴を見ると、確かに大きく敗れることがなく、しかも続けて負けていません。これぞ名馬であることに異論はないでしょう。

20世紀を代表する名馬シンボリルドルフでも、左前肢繋じん帯損傷で引退レースとなったアメリカのG1レースは除き、レースで2度も敗れたことがあります。天皇賞・秋でギャロップダイナに敗れて馬房に戻ってきたシンボリルドルフの目に涙が浮かんでいるのを見て、写真家の今井壽惠氏が「ルドルフかわいそう、泣いている」と言った話は有名です。つまり、どんな名馬であっても、競馬が勝負ごとである以上、敗れてしまうこともあるということです。

敗れたその次のレースこそが重要なのです。敗因をしっかりと見極めつつ、同じ失敗を繰り返すことのないように、次走へつなげることです。シンボリルドルフに初めて土がついたのは、3冠を達成したのちに出走したジャパンカップでした。大逃げしたカツラギエース（10番人気）にまさかの逃げ切りを許してしまったのです。シンボリルドルフは当日下痢をしていたように、3冠レースの疲れがあったことは確かですが、後続の外国馬を気にしすぎて前方不注意になってしまったことが敗因でした。日本馬には負けないという油断が陣営の心のどこかにあったのかもしれません。気を引き締め直したシンボリルドルフの野平祐二調教師は、鞍上の岡部幸雄騎手に対し、次走の有馬記念ではカツラギエースを徹底的にマークするよう指示を出しました。岡部騎手も意を得たりと騎乗し、隙のないレースをつくり、カツラギエースを悠々と競り落としたのです。その後、シンボリルドルフは再び連勝街道に乗ることになりました。敗れたことで、シンボリルドルフはさらに強くなったのです。

この話を週刊「Ｇａｌｌｏｐ」に書いた２０１６年のＮＨＫマイルカップでは、メジャーエンブレムの単勝を買いました。最も逃げ切りが難しい東京競馬場の芝マイル戦にて、自ら逃げてハイペースをつくり、ゴールまで脚色が衰えることなく走り切って、自身が名馬であることを証明してくれました。その馬が名馬だとあなたが評価するなら、連敗はしないと信じて、単勝を狙ってみると良いでしょう。

2016年5月8日（日）2回東京6日 天候：晴 馬場状態：良

11R 第21回NHKマイルカップ

3歳・オープン・G1（定量）（牡・牝）（国際）（指定）芝1600m 18頭立

着	枠	馬	馬名	性齢	騎手	斤量	タイム(着差)	人気	厩舎
1	2	4	メジャーエンブレム	牝3	ルメール	55	1.32.8	1	(美)田村康仁
2	3	5	ロードクエスト	牡3	池添謙一	57	3/4	2	(美)小島茂之
3	8	18	レインボーライン	牡3	福永祐一	57	クビ	12	(栗)浅見秀一
4	5	10	ダンツプリウス	牡3	丸山元気	57	1 1/4	7	(栗)山内研二
5	4	7	トウショウドラフタ	牡3	田辺裕信	57	アタマ	5	(美)萱野浩二

単勝	4	¥230						
複勝	4	¥140	/	5	¥210	/	18	¥660
枠連	2-3	¥460						
馬連	04-05	¥940						
ワイド	04-05	¥430	/	04-18	¥1990	/	05-18	¥3520
馬単	04-05	¥1470						
3連複	04-05-18	¥11190						
3連単	04-05-18	¥33030						

12 レースレベル

前半と後半を分けるだけでレースレベルが分かる

今から5年前の2015年、ある読者さんから、レースレベルに関する質問をいただいたことがあります。彼はラップの研究を始められたそうで、2013年の共同通信杯のラップ分析をしようと調べていたとき、そのレースレベルに疑問を感じたとのことです。

2013年以前の3年間の同レースのラップと比べてみると、2013年は前半600mが36秒0、中盤600mも36秒0、そして後半600mが34秒0と一貫して速く、中でも中盤の36秒0は過去の共同通信杯のレースと比べても極端に速く、また後半800mも11秒8、11秒3、11秒2、11秒5と11秒台を連発しています。

「ラップ分析が未熟な私が見ると、これだけでレベルの高いレースだと思いました。しかし、その後のメイケイペガスターは大きなレースを勝つことはなく、他の好走馬も活躍していないことからも、2013年共同通信杯のレベルは高くないことが分かります。なぜこのようなことが起こっているのでしょうか?」

2013年
13.0-11.2-11.8-12.1-12.1-11.8-11.3-11.2-11.5　1:46.0
2012年
12.9-11.9-12.5-12.8-12.5-12.1-10.9-11.0-11.7　1:48.3
2011年
13.1-11.5-12.2-12.4-12.4-12.5-11.3-11.1-12.0　1:48.5
2010年
12.8-11.1-12.3-12.8-12.6-12.4-11.7-11.2-11.3　1:48.2

単刀直入かつ素朴な彼の質問に対して、僕は以下のように返答しました。

「メイケイペガスターが勝った2013年度は馬場が速かったのだと思います。同日の他のレースタイムを見るとそれほど感じませんが、過去の共同通信杯と比べてみると明白です。これぐらいタイム差（馬場差）があると、ラップの単純比較が困難になりますね。前半・中盤・後半の比較で分かりにくいときは、前半・後半に分けることをお勧めします」

なぜレースの時計（ラップ）を前半と後半に分けて考えるかと言うと、「前半のエネルギーのロスが後半に倍になって返ってくる」という原則があるからです。これはジョッキーであれば経験的に知っていることですし、たとえばヨーロッパ競馬のようにタフでスタミナを問われる馬場で行われるレースでなぜあれほどまでに前半は馬を抑え込むのかを説明することもできます。つまり、同じ勝ち時計のレースであっても、前半が速い（前半に負荷が掛かっている）レースの方が、全体としては厳しい内容（レベルの高い）レースであるということです。

さらに私はこう続けました。

「2013年の共同通信杯を前後半に分けると、48・1-45・8とスローペースです（真ん中の1ハロンは便宜上除いています）。ちなみに、あのゴールドシップが勝った2012年は、50・1-45・7という超スロー。どちらのレースもヨーイドンの競馬であり、G1レースを勝つために必要なスピードとスタミナの融合を問われるようなものではありませんでした。今から思えば、良くこれだけの上がり勝負のレースで、ゴールドシップのようなスタミナの権化が勝てたなと。

ひと昔前は、共同通信杯の勝ち馬が日本ダービーを勝つこともありました。そのときと比べてみれば、近年の共同通信杯のレベルの低下は歴然としています。ナリタブライアンが勝った1994年は47・7-47・5、ジャングルポケットの2001年は47・8-47・6でした。ハイペースとまではいきませんが、前半からある程度のラップが刻まれ、レース全体としてはスタミナもある程度は問われる、引き締まったレースになっています。結論を言うと、近年の共同通信杯はどのレースもレベルが低かったということです」

彼とのこうしたやり取りを通して、僕ははっと気づかされました。2015年の共同通信杯のレースレベルは、近年に珍しく高いのです。リアルスティールが勝利したこの年の共同通信杯は

47・4‐47・1と、前述のナリタブライアンやジャングルポケットが勝った年とほぼ同じ前後半のバランスなのです。リアルスティールはその後、皐月賞と菊花賞を2着し、ドバイターフを勝ったように、前後半のバランスを比較するだけでレースレベルの高さを把握することができ、そのレースの勝ち馬の強さも保証されることになります。さらにこうしたレベルの高いレースには、2着のドゥラメンテは皐月賞と日本ダービーを制し、3着のアンビシャスは産経大阪杯（当時G2）を勝ったように、僅差で負けた馬たちの中にも強い馬が隠れていることも覚えておきましょう。

2015年共同通信杯　通過ラップ（1Fごと）
12.7-11.1-11.4-12.2-12.6-12.6-11.8-11.0-11.7　1:47.1

鍵となるレースを見つける

同世代の中で争うクラシック戦線において、有力馬たちは本番前にすでに顔を合わせていることが多いです。たとえば新馬戦やトライアルレースなど、素質のある馬たちは同じようなローテーションを選択するため、その世代の有力馬たちが一堂に会するようなレースが生まれます。それゆえ、G1を勝った馬たちの足跡を辿ってゆくと、あるひとつのレースに行き着くことがあるのです。このようなレースを「鍵となるレース」と呼び、なるべく早く「鍵となるレース」を見つけることが、その世代の力関係を読み解く鍵となります。

かつて伝説の新馬戦と呼ばれたレースがありました。2008年10月26日、京都競馬場の芝1800mにて行われた2歳新馬戦には、多くのG1ホースたちが集まっていました。この新馬戦を勝ったのは、のちに皐月賞馬となったアンライバルド。2着には日本ダービーと菊花賞で2着したリーチザクラウン。そして3着には、牝馬2冠を制し、ジャパンカップや天皇賞・秋を勝った名牝ブエナビスタ。さらに4着には、のちの菊花賞馬となるスリーロールスが入っていたのだから驚きです。

この伝説の新馬戦の場合は、あらかじめ素晴らしいメンバーが出走していることが分かっていたわけではありません。このレースを起点として、それぞれの馬たちが違った道を歩み出し、勝利を積み重ねた結果、あとから振り返ってみると、実はこの新馬戦が極めてレベルの高いレースであったと気づかされたということです。これぞ「鍵となるレース」です。

「鍵となるレース」をいち早く見つけることで、勝った馬だけではなく、2着以下に敗れてしまった馬の中にも、強くなる才能を秘めている馬がいるのではと考えることができるようになります。たとえばスリーロールスなどは、その典型でしょう。アンライバルドやリーチザクラウン、ブエナビスタがその後、大活躍するにつれ、スリーロールスも走る馬なのではとその将来性を見出すことができるのです。普通のレースの4着であれば悲観してしまうかもしれませんが、「鍵となるレース」の4着は勝ちに等しいのです。

「鍵となるレース」の見つけ方は、そのレースの勝ち馬はもちろんのこと、負けた馬たちの次走、次々走の成績を追いかけてみることです。負けた馬たちも次走で続々と勝ち上がり、さらに上のクラスで強いレースをしている現象をいち早く見つけることです。「鍵となるレース」を見つけることができれば、その世代のクラシック戦線やダート路線の馬たちの力関係を把握することができ、馬券につなげることができるはずです。

3歳馬が強い背景

年末になると、僕の周りの競馬関係者たちの間では、今年の3歳馬のレベルは高いという話で持ち切りになります。特に2018年は、アーモンドアイがジャパンカップを制し、ステルヴィオはマイルチャンピオンシップ、ルヴァンスレーヴはチャンピオンズカップ、極めつけはブラストワンピースが有馬記念を勝ったように、古馬に混じっても引けを取らないどころか、3歳馬が古馬を圧倒するシーンも多く見られました。その他の重賞や条件戦においても、確かに3歳馬の活躍は目立っていました。

それでも、長く競馬をたしなんでいる人たちは、そろそろ耳にタコだよと思い始めているはずです。ここ最近は、毎年のように、今年の3歳世代は強いという話題が年の瀬になると持ち上がるからです。しかし、強かったはずの3歳世代が翌年、古馬となり、新しく3歳馬を迎え撃つ頃になると、いつの間にか立場が逆転します。次世代の3歳馬に圧倒されてしまうのです。つまり、どの年も古馬よりも3歳馬の方が強く映るのです。

なぜこのような現象が起こるのでしょうか。その理由のひとつに、サラブレッドの早熟化が挙げられます。日本競馬のスピード重視に伴い、レース体系も変わり、できるだけ早い時期から速く走る馬をつくりたいという傾向に拍車が掛かっています。そのような馬は高い値で売れやすく、また競走馬として活躍できるチャンスも広がります。早熟で仕上がりやすく、スピードのある産駒を出しやすい種牡馬は重宝されます。

育成・調教技術や施設の進歩も大きな理由のひとつでしょう。早い時期から育成・調教を開始し、幼いサラブレッドの脚元にできるだけ負担をかけずに、強めの調教を課してゆくことができるようになりました。十数年前と比べると、日本のサラブレッドは仕上がりが早くなり、年々完成度も高まってきました。昨年よりも今年、今年よりも来年の3歳馬の方が、より早く仕上がり、サラブレッドとして早く完成するのです。

にもかかわらず、レースにおける斤量はあまり変わっていないのが実状です。アーモンドアイは3歳牝馬であることも含め、ジャパンカップに53kgの斤量で出走し、たとえば2着に入った4歳馬キセキの57kgと比べて4kgもの差がありました。ステルヴィオやルヴァンスレーヴは古馬と1kg差のハンデをもらい、ブラストワンピースに至っては2kgのハンデをもらった上での勝利であったことを忘れてはいけません。

かつての3歳馬と古馬の力関係を基にした斤量差が、現代の3歳馬と古馬のそれの縮まり方のスピードに追いついていないのです。つまり、サラブレッドとして十分に完成しつつあるタイミングであるにもかかわらず、3歳馬は古馬に斤量差（ハンデ）をもらってレースをしているということです。これが毎年のように今年の3歳馬は強いと言われるゆえんです。

それでは、どのように馬券につなげていけば良いのでしょうか。まずひとつは、特に年末のレースにおいては、古馬の壁というものを気にすることなく、3歳馬を積極的に狙うということです。

そして、もうひとつは、年が明けて3歳馬が古馬になり、斤量差がなくなったときには、旧3歳馬（新4歳馬）と古馬の力関係を対等に比較してみることが今度は必要になります。昨年までは斤量差があったからこその旧3歳馬（新4歳馬）の好走であった可能性がある、と考えるということです。

13

馬券の買い方

大数の法則

「どのような馬券の買い方をするべきですか？」という質問をいただく機会が最近増えているので、最後に馬券の買い方の話をして終わります。どの馬を買うかは自分で選ぶ（選びたい）が、どの馬券の種類を選んで、何点ぐらいで賭けるべきなのか迷っている人が多いということです。狙った馬は正しくとも、馬券の買い方を間違ったばかりに当たらなかったという状況に直面したとき、僕たちは馬券の買い方について考えざるをえないのですね。すでにスタイルが固まっているベテランもいらっしゃるでしょうが、特に競馬を始めて数年の競馬ファンにとっては、どの馬に賭けるかと同様に、どのような馬券の買い方をするかは重要な問題となります。

僕は競馬を始めてからほとんどの間、単勝を買い続けています。かつては枠連を買ったこともありますし、複勝にはまったこともあります。馬単の破壊力に酔いしれたこともあれば、3連単の難しさに頭を悩ませたこともあります。宝くじのようなWIN5で夢見たこともあります。他の馬券の種類を知らないわけではなく、それらを否定しているわけでもないのですが、ほとんど全てのレースにおいて、単勝を買うことを基本にしています。初心者の方にレクチャーする機会があれば、単勝という馬券があることを教え、まずは1頭を良く見ることを勧めます。もちろんそこには僕なりのロジック（論理）もあるのです。

なぜ僕が単勝を選んだかを語る前に、競馬というゲームにおいて馬券を買うときの大前提となる「大数の法則」について説明します。一般に「大数の法則」という概念を紹介したのは、ベルヌーイ（1654〜1705）という数学者です。

「大数の法則」とは、

「ひとつひとつの事象や、短期間での一連の事象においてはどんなに不思議と思われることが起こり得たとしても、充分に大きな回数を行われる事象においては、より理論上正確な期待値に収束していく」

というものです。

これだけの説明では分かりにくいため、サイコロの例を使って具体的に解説しましょう。ご存じの通り、サイコロには1から6まで6つの目があります。では、ここで質問です。サイコロを振って奇数の目が出る確率は何%でしょうか？　一般常識程度の数学ができる方であれば、単純に考えて50%という正解に達することは難しくありません。ここでの50%という数字が、理論上の〈期待値〉です。そこで、実際にサイコロを10回振って実験をしてみましょう。果たして、偶数5回、奇数5回という理論上期待通りの結果が出るのでしょうか。おそらく、たった10回程度振っただけでは、理論上の正確な値が出ることはほとんどないはずです。たとえば、偶数6回、奇数4回であったり、偶数0回、奇数10回などという結果が出ることもあるかもしれません。

短期間においては、こういった理論上不思議と思われることが起こり得ます。しかし、100回、1000回、10000回と試行を繰り返していくと、サイコロの目が奇数である確率は、僅少の誤差はあるにせよ、理論上の〈期待値〉である50％に限りなく近づいていきます。

競馬の賭けにおいても、賭けるレースの回数が多くなればなるほど、理論上の〈期待値〉に近づいていくことは例外ではありません。ところで、競馬（馬券）における〈期待値〉とは何を指すかと言うと、JRAが設定した払い戻し率です。現行のシステムにおいては、馬券の種類によって払い戻し率は若干の違いがあり、たとえば単勝・複勝は80％、馬単・3連複は75％、3連単は72.5％、WIN5は70％となっています。分かりやすく言うと、馬券を1000円買った時点で200円から300円を手数料として控除されているということになるのです。つまり、私たちは回収率70％〜80％という数字を統計学的には宿命づけられているのです。

そこで、大数の法則に飲み込まれないように馬券を買うのがコツです。これが正しいという唯一の馬券の買い方があるわけではなく、大数の法則に抗うために、押さえておかなければならない3つのポイントがあるのです。僕が単勝を選んだ理由もそこにあります。

競馬の賭けにおいて大数の法則を避けて通ることができない以上、僕たちが賭けた金額に対し、潜在的に20～30％のマイナスが生じます。しかし、あくまでも潜在的であり、自動的に確実に回収率が70～80％になるわけではありません。僕たちが少しでも長く競馬を楽しんでいくためには、大数の法則を逆手に取りつつ、潜在的なマイナスの表出を少しでも抑えることが必要なのです。

分散（ばらつき）

次に、「分散」という概念について知ってもらいたいと思います。「分散」とは、分かりやすく言うと、結果のばらつきのことです。試行回数が多くなればなるほど、結果のばらつきは小さくなり、理論上の期待値に収束していきます。逆に試行回数が少なければ、それだけ分散は大きくなり、期待値通りの結果は出にくくなります。この考え方のもと、まずはより早く、確実に負ける馬券の買い方から紹介しますと、

1　賭ける回数を多くする
2　賭ける金額を一定にする
3　一度に何点も賭ける

となります。このような賭け方をすると、分散が小さくなり、大数の法則に飲み込まれ、回収率が70～80％の世界へ突入してしまいます。そうではなく僕たちは、右のような馬券の買い方とはまるで逆の、分散を大きくするような、以下3つのポイントを押さえた賭け方をしなければなりません。

1　賭ける回数を少なくする
2　賭ける金額にめりはりをつける
3　賭ける点数を少なくする

1においての回数とは、賭けるレース数のことです。手当たり次第に目の前にあるレースに賭けるのではなく、レースを絞って賭けるのです。たとえば、賭けるレースを1日2レース（重賞レースと自信のあるレースなど）と限定してしまうのです。もちろん、誰しもが重賞レースに限定するべきではないでしょう。要するに、ここで大切なのは、賭けるレースを選択し、集中させるということです。

2は賭ける金額をどのレースも一定にするのではなく、めりはりをつけるということです。たとえば、1日12レースに賭けるとすると、6レースは多く、6レースは少なく賭けます。当然のことながら、多く賭けた方の6レースの結果（当たりはずれ）が重要になり、少なく賭けた6レースの結果が、全体（1日）の収支に影響する度合いは小さくなります。そうすることによって、12レースに賭けているのだけれども、6レースにしか賭けていないのとほぼ同じ程度の効果があるのです。

3は1レースに賭ける点数のことです。いくらレースを絞って賭ける回数を少なくし、賭ける金額にめりはりをつけたとしても、1レースで多くの点数を買ってしまっては元も子もありません。たとえば、4頭のボックス馬券で6点買った場合、1点買いのレースを6レース分賭けたことと同じになります。多くの点数を買うということも、買うレースの回数を増やすことと同じ効果があり、1レースにおいて賭ける点数もできる限り集中させるべきです。僕が単勝という馬券の種類を選んだ理由のひとつはそこにあります。

以上の3つのルール、「賭けるレース数を絞り、賭ける金額にめりはりをつけ、1レースで買う点数を少なくする」ということを意識して実行することにより、分散を大きくすることになり、大数の法則による潜在的なマイナスの顕在を抑えることが可能になるはずです。

ここまで読んでくださった方は、自分の馬券に当てはめて考えてみてください。賭ける回数は多すぎないか、めりはりをつけて賭けることはできないか、賭ける点数をもっと少なくできないか。どの馬券の種類を選ぶとしても、これら3つのルールを踏まえて馬券を買ってもらえれば、あなたの馬券力がさらに増すこと間違いなしです。

べき乗則（power law）

さらにもうひとつ、応用編のルールと言うべきか、他の3つのルールをときとして全て飲み込んでしまうほど影響力の強いルールがあります。それは穴を狙うということです。人気馬か人気のない馬かという選択があるとすれば、どちらが分散を大きくする賭け方かは一目瞭然でしょう。一度当たったときの結果が全体のそれに及ぼす影響は、オッズ（配当）が高い賭け方の方が当然大きいのです。

穴馬を狙うべき理由について、「べき乗則」という概念を用いつつ、詳しく述べていきます。競馬という知的なゲームを制する上で、非常に重要となる考え方です。

べき乗則は英語でpower lawと呼ばれ、統計モデルのひとつです。ある観測量がパラメーターのべき乗に比例する、もう少し分かりやすく解釈すると、わずかひと握りのものが全体に大きな影響を与える一方、それ以外のものは全体をほとんど左右しないということです。このべき乗則の考え方は、パレートの法則（80：20の法則）として経済界や自然界などにも応用されています。たとえば、2割の国民がイタリア国土の8割を所有していたり、畑のエンドウ豆のさやの2割から全体の8割のエンドウ豆が収穫される。つまり、全体の結果の大部分は、全体を構成するうちの一部分が生み出しているのです。

これを競馬の賭けに当てはめて考えてみると、誰もが思い当たるところがあるはずです。競馬のトータルでの回収率は、1レースごとの当たりハズレよりも、偶然にも的中した大穴（高配当）があるかないかによって、ほとんど決まってしまうということです。

小さく的中したレースをいくら積み上げても、全体の回収率はさほど上がらず、むしろ大数の法則に飲み込まれていきます。そうではなく、たとえわずかであっても、大当たりしたレースがあれば、全体の回収率は一気に跳ね上がるのです。

実は僕も真面目に自分のG1レースにおける馬券の収支をつけていた時期（2005年から2012年までの途中まで）があり、1レース1万円で218レースに賭けて、返ってきたのが454万4000円、回収率にすると208％でした。賭けるレースを絞って、単勝を買い続けた結果ですが、今から思えば、これだけの奇跡的な回収率を残せたのは、何頭かの大穴が当たったことが大きいです。2009年エリザベス女王杯のクイーンスプマンテ（7710円）、2010年マイルCSのエーシンフォワード（5240円）、2011年のリアルインパクト（2930円）を筆頭にした、ひと握りの単勝馬券が全体の回収率を大きく跳ね上げたのです。もし僕が本命馬の単勝ばかりを買い続けていたとしたら、数多く当たったとしても、回収率は80％前後を推移していたに違いありません。

賭けるレース数や点数をできるだけ絞りつつ大きく賭けるという難題が、僕たちに突き付けられています。競馬の世界は、僕たちが思うよりも遥かに複雑で、深く広いです。目の前の勝ち負けではなく、トータルで馬券を考える。馬券が当たらない日々が続くかもしれませんが、打たれ続けるボクサーのようにそれに耐え、逆転のチャンスを掴むために、ひたすらカウンターの一発を狙います。大きく考えて、大きく賭け続けた者だけが、馬券のべき乗則（ｐｏｗｅｒ ｌａｗ）を味方につけることができるのです。

大穴を当てたければバカになれ

高額の払い戻しを夢見て、大穴馬を見つけようと時間をかけて丹念に予想すればするほど、実績や実力のある有力馬たちを本命に推さざるをえない。競馬ファンならば、そのような矛盾を幾度となく経験してきたことでしょう。考えてみれば当然のことで、膨大なデータを積み上げれば上げるほど、論理的に突き詰めれば詰めるほど、僕たちは当たる確率の高い、正しそうな結論に一直線に向かってゆきます。過去からのデータや僕たちの論理的思考は、未来の常に一歩後ろを進んでいるからです。正常な頭では、これから起こる天変地異を見通すことは難しいのです。

誰もが思いつかないような未来を予測するには、どうすれば良いのでしょうか？

バカになることだと僕は思います。それは簡単なようで簡単ではなく、特に競馬という知的なゲームを好むコアな競馬ファンにとって、全ての知識や経験を手放して真っ白になることは至難の業です。それでも、もし人気薄の馬に重い印を打ちたいのならば、当てたいという気持ちや見栄を一旦捨てて、バカになってみることです。もちろん、これはバカになりきれない中途半端な自分に対する自戒の意味を込めて話してもいます。

たとえば、自分の誕生日の枠番や馬番に入った馬を1点で買う誕生日馬券があります。僕の友人には8－8の枠連というゾロ目を買い続けている者もいます。最近にあった出来事や時事ネタから連想される馬や騎手を買ってみてもいいでしょう。「メインレースの多くではレース前からすでに勝ち馬や勝利する騎手が決まっており、特定の者に主催者または競馬の神様がサインを出して教えている」として、レーシングプログラムやJRAのテレビCMからヒントを見つけるサイン理論やタカモト式と呼ばれる馬券の買い方が一世を風靡したこともあるのです。このような狙い方をすると、自分では思いもつかなかった馬を買うことになるはずです。

この場を借りて白状しておくと、実は僕が初めてG1レースで万馬券を当てたのは、いわゆるサイン理論やタカモト式と呼ばれる発想のおかげでした。1992年の日本ダービーにて、僕はミホノブルボンが勝つと考えていましたが、その他の馬たちは横一線であり、どうしても2着に来る馬が見つからなかったのです。頭が沸騰するほど考えあぐねて、結論を出すのを半ばあきらめかけたそのとき、僕が手にしていたスポーツ新聞の片隅に掲載されていたＪＲＡ広告の日本ダービーのキャッチコピーに「祝福」の文字を見ました。

その2文字から空想を広げてゆくと、ライスシャワー（結婚式でゲストが新郎新婦にお米を降り注ぐ儀式）という馬が浮かび上がってきたのです。馬柱を見るとほとんど印は付いておらず、出走馬18頭中16番人気と、全くと言ってよいほど人気はありませんでした。しかし、よくよく戦績を辿ってゆくと、皐月賞は勝ったミホノブルボンからは離されていますが8着と健闘しており、続くＮＨＫ杯も8着と敗れているものの先頭からは0・6秒差と大きくは負けていません。しかもリアルシャダイを父に持ち、血統的には距離が延びて良さが出るタイプかもしれません。展開や乗り方次第でチャンスは残されていて、馬券に絡むことがないとは言い切れないのではないでしょうか。わずかな可能性を信じて、僕はレースを待ちました。大切なことは、バカになって発想して、玄人として貪欲に賭けることなのだと思います。

2017年のホープフルステークス。出走馬を見渡すと、素晴らしい母系から生まれた宝石のような馬たちが勢揃いしていました。モーリスを全兄に持つルーカス、祖母にウメノファイバーがいるサンリヴァル、母があのビリーヴであるジャンダルム、タイムフライヤーの母の全兄は帝王賞など16勝を挙げたタイムパラドックス、フラットレーは半姉がバウンスシャッセです。どの馬が勝っても不思議ではなく、たとえここで負けたとしても、翌年のクラシックでは逆転もあるかもしれない、間違いなくハイレベルな一戦でした。

ごく単純な理由ですが、母の兄にブラックホークがいて、母の父がキングカメハメハという、僕の大好きな馬たちが凝縮された血統のステイフーリッシュ（8番人気）を狙ってみたいと思いました。特に

2017年12月28日（木）5回中山9日　天候：晴　馬場状態：良

11R　第34回ホープフルS

2歳・オープン・G1（馬齢）（牡・牝）（国際）（指定）芝2000m　17頭立

着	枠	馬	馬名	性齢	騎手	斤量	タイム(着差)	人気	廐舎
1	4	7	タイムフライヤー	牡2	C.デム	55	2.01.4	1	(栗)松田国英
2	8	15	ジャンダルム	牡2	武豊	55	1 1/4	4	(栗)池江泰寿
3	7	13	ステイフーリッシュ	牡2	中谷雄太	55	クビ	8	(栗)矢作芳人
4	5	9	サンリヴァル	牡2	田辺裕信	55	2 1/2	5	(栗)藤岡健一
5	8	17	ナスノシンフォニー	牝2	吉田隼人	54	クビ	10	(美)武井亮

単勝	7	¥420				
複勝	7	¥160	/ 15	¥230	/ 13	¥490
枠連	4-8	¥1130				
馬連	07-15	¥1440				
ワイド	07-15	¥570	/ 07-13	¥1400	/ 13-15	¥2840
馬単	07-15	¥2960				
3連複	07-13-15	¥10920				
3連単	07-15-13	¥52380				

ブラックホークは、彼のような男になりたいと尊敬する馬なのです。ステイフーリッシュはデビュー戦では折り合いもつき、道中は力まず走り、最後の直線ではあっと言う間に抜け出しました。この走りを見ただけで能力の上限を計り知ることや他馬との力の比較は難しいのですが、G1レースでも十分に通用する素質と可能性はあるのではないか、力を要する暮れの中山競馬場の芝2000mに舞台が変わることも、血統的にはどう見てもパワータイプである同馬にとってはプラスに働くはずと考えたのです。

僕の尊敬するアップルの創業者スティーブ・ジョブズ氏は、スタンフォード大学の卒業生に向けたスピーチを、「Stay hungry,Stay foolish」というメッセージで締めくくりました。ホープフルステークスは残念ながら当たりませんでしたが、せめて馬券を買うときぐらい、僕たちはバカになってドキドキしてみてもいいのではないでしょうか。

競馬は無限なり、個を立てよ

ＮＨＫマイルカップが行われる春シーズンになると、あの苦い思い出が蘇ってきます。もう今から7年前になりますが、2013年のＮＨＫマイルＣ当日、東京競馬場で行われたオープン型レーシングセミナーに出演させてもらった際、「ＮＨＫマイルＣではニュージーランドトロフィーで負けた馬を狙うべき」と主張しながらも、最後の馬券予想の段になって、ニュージーランドTを勝ったエーシントップを本命に推してしまいました。同じ壇上にいた競馬評論家の須田鷹雄氏に優しく突っ込まれたのを覚えています。「(エーシントップは)ゴール前で耳を立てていたように楽勝だったので」と返しましたが、言っていることと買っている馬券が一致していないとその場にいた誰もが感じたのではないでしょうか。結果的にも、ニュージーランドTで7着に負けていたマイネルホウオウが勝利し、僕は大勢の競馬ファンの目の前で大恥をかきました。

　本書の中でも述べたように、ニュージーランドTとNHKマイルCは、同じ芝1600mのレースであっても、全くもって異質なレースです。中山のマイル戦と東京のマイル戦では、芝の状態やコースの形態から

道中のペース、直線の長さや坂の位置に至るまで、あらゆる全ての体感リズムが異なります。そのため、レースを勝つために求められる適性が異なり、勝ち馬も違うことが多い。ニュージーランドTが中山競馬場で行われるようになって以来、ニュージーランドTとNHKマイルCを連勝した馬はカレンブラックヒルしかいないのです。ニュージーランドTが東京芝1400mで行われていた頃よりも、明らかに結びつきが弱くなりました。

特に、ニュージーランドTがスローに流れた場合は結びつきが弱くなります。なぜかと言うと、NHKマイルCは総じてハイペースに流れることに加え、最後の直線が長く、字ヅラ以上にスタミナが問われるからです。小回りの中山芝1600mでスローに流れたレースにおいて結果を出した馬が、府中のマイル戦の厳しいレースに巻き込まれたら、戸惑いを隠せないはずです。むしろスローに流れたニュージーランドTでは差し脚やスタミナが生きなかった馬こそが力を発揮できる舞台となります。

そこまで分かっていて、なぜあのとき自説を曲げてまでエーシントップに本命を打ったのだろう、と今でも考えることがあります。確かに、エーシントップは前走のニュージーランドTで余力を残して勝利していました。しかし、それはスローペースを前々で運び、展開的にもコース的にもかなり楽をしていたからでした。そのあたりを差し引くと、ニュージーランドTで敗れていた馬たちとさほど力差はなく、東京競馬場に舞台が移れば逆転さえも起こりうると考えることもできたはずです。むしろそう考えるべきだと、競馬ファンの前で自ら語ったのです。頭では分かっていたのです。

それでも実際の馬券が違ったのは、当てたいという強い気持ちの表れでしょう。当たる確率の高い（高そうに思えた）方を選択してしまったのです。何だかんだと理屈を並べてみても、つまりは僕が自分自身の考えを貫けなかったということです。

まさに、勝ちたいという自分のだらしなさが感じられる馬券です。馬券は正直ですか

2013年5月5日（祝）2回東京6日　天候：晴　馬場状態：良

11R　第18回NHKマイルカップ

3歳・オープン・G1（定量）（牡・牝）（国際）（指定）芝1600m　18頭立

着	枠	馬	馬名	性齢	騎手	斤量	タイム(着差)	人気	厩舎
1	4	8	マイネルホウオウ	牡3	柴田大知	57	1.32.7	10	(美)畠山吉宏
2	8	17	インパルスヒーロー	牡3	田中勝春	57	クビ	6	(美)国枝栄
3	6	12	フラムドグロワール	牡3	横山典弘	57	クビ	8	(美)藤沢和雄
4	3	6	レッドアリオン	牡3	川須栄彦	57	1 1/4	3	(栗)橋口弘次
5	5	10	ガイヤースヴェルト	牡3	ウィリア	57	クビ	2	(美)斎藤誠
7	7	15	エーシントップ	牡3	内田博幸	57	1.33.1	1	(栗)西園正都

単勝	8	¥3430				
複勝	8	¥730	17	¥510	12	¥770
枠連	4-8	¥3720				
馬連	08-17	¥21890				
ワイド	08-17	¥5290	08-12	¥7400	12-17	¥4380
馬単	08-17	¥56570				
3連複	08-12-17	¥137530				
3連単	08-17-12	¥1235600				

ら、そのだらしなさは如実に表れるし、隠すことができません。馬券には、恐ろしいほど人物が出ます。個性や生き方、競馬に対する姿勢など、その人の全てが凝縮されて馬券に表れてしまいます。

勝つことが全てではない。勝ち負けはあとから付いてくるものであって、勝ち負けにこだわって縮こまってはいけない。こだわるべきなのは、自分にしか買えない馬券を買うことなのです。僕の尊敬する碁打ちの故藤沢秀行氏はこう言いました。「碁は無限なり、個を立てよ」。

僕流に解釈すると、こうなります。

「競馬は無限なり、個を立てよ」

あとがき

「競馬は文化であり、スポーツである」をモットーに掲げる僕が、まさか馬券本を出すなんて思いもよりませんでした。なーんてことはなく、僕の尊敬するミスター競馬と呼ばれた野平祐二さんも「競馬の半分はギャンブルである」と語ったように、競馬はギャンブルでもあります。かといって、ギャンブルである競馬と、文化、スポーツとしての競馬は全くの別ものではなく、どちらも同じ器の中で混ざり合っているものです。どちらか半分を取り出すことは難しく、本書が文化やスポーツとしての競馬を饒舌に語りつつも、読んでくれた皆さまに当たり馬券を届けられることを願っています。

まえがきにも書いたとおり、この本は週刊「Ｇａｌｌｏｐ」にて連載している「超・馬券のヒント」を下地としています。毎週あるひとつのテーマを決め、原稿用紙５枚分の文章を書き、翌々週に行われる重賞レースの予想をするのは、なかなか骨の折れる仕事です。このような大役を６年間も務めてこられたのは、僕に声をかけてくださった週刊「Ｇａｌｌｏｐ」の鈴木学元編集長、そして大橋元編集長、田中現編集長、佐藤さんをはじめ、編集部の皆さまのサポートがあったからこそ。この場を借りて御礼を申し上げます。そして、競馬道ＯｎＬｉｎｅ編集部の皆さんには前著に引き続きお世話になりました。いつもありがとうございます。

感謝の意を込めて、この本の印税は全額、競走馬を買うことに使わせてもらいます。二度見した方もいらっしゃるかもしれませんが、最後にサプライズです（笑）。印税を全て馬代金に使うなんて馬鹿げた話は今まで聞いたことありませんので、日本競馬史上初の試みだと思います。競馬でいただいたお金をどのように競馬の世界に返していこうかと考えたとき、最も前向きで面白い企画ではないかと思い浮かびました。

皆さんがこの1冊を読むために払ってくださった1600円の7％（112円）が印税となりますので、もし1万部が売れたら112万円、3万部が売れたら336万円、10万部が売れたら1120万円の馬が買えるということです。万が一、ミリオンセラーになったとしたら、セレクトセールで1億円台の馬を競ることができますね！　どの時点で区切って、どのセリで購入し、どの競馬場で走らせるのかなど細かいことは未定ですが、皆さまがこの本に出資してくれたおかげで馬が走るということです。これは新しいクラウドファンディングの形ではないでしょうか。企画の進行状況や愛馬の活躍ぶりは、僕のツイッター（@glassracetrack）等でも報告していきます。本を読み終わった後も、あなたと競馬を一緒に楽しむことができたら幸いです。

治郎丸敬之

勝ちポジまとめ&ルール

・競馬は強い馬が勝つわけではなく、勝った馬が強いわけでもなく、勝つためのポジションを走った馬が勝つ。
・勝つための基本ポジション=内の2、3番手。
・スローペースになることで馬群が固まり、内と外を走ることの間に大きな違いが生まれ、内のポジションを走らないと勝てないレースになる。
・馬場が極度に高速化する（整備される）ことで、内枠を引いて馬場の良い内ラチ沿いを先行した馬に、外枠を引いて馬群の外を回された馬が後ろから追いつき、追い越すのは至難の業となる。
・馬群の内のポジションを走った馬が勝つレースにおいて、内枠を引いた馬を狙わない理由はない。もちろんその逆も然り。
・ダート競馬の勝ちポジは限定される。なぜなら、小回りかつ幅が狭いコースで行われるから、そしてダートではサラブレッドの使える脚に限界があるから。
・勝ちポジが外に移動するケースとしては、「①ペースが速いレース（馬群が縦長になり外を回ることの距離ロスが少なく、前からバテて下がってくる馬に邪魔されないため）」と「②馬場の内側が極端に荒れているコース」（よほど馬場が悪くなければ、内の勝ちポジを外に移動する必要はない）、「キャリアの浅い馬たちによって行われるレース（外の方が馬群に揉まれず、スムーズに走れるため)」の主に3つ。

・勝ちポジが内のレースにおいて、前走で外々を回されて負けてしまった馬を次走で狙う。その逆もまた然り。

・枠順が決まれば、スタートしてから第1コーナーまでの馬や騎手たちの動きをイメージしながら、どのジョッキーが馬を御して、勝ちポジを走らせることができるかを見極める。

・上がり時計が極端に速いレースと、また極端に掛かる(遅い)レースでは、勝ちポジは基本的なポジションよりも前になる。

・最後の直線が長いコースでは、勝ちポジは少し後ろになる。また、最後の直線が短くて、なおかつ平坦なコースでは、勝ちポジは少し前になる。

本書の内容や右記のまとめ&ルールを参考に、過去10年ぐらいのレースを見返して勝ち馬のパターンを探してみたり、当日の馬場状態などを考慮に入れつつ、まずは勝ちポジを予想してみましょう。その後で(内枠から)各馬のポジションをイメージしながら、馬番を記入していってください。そうすると勝ち馬が浮かび上がってくるだけではなく、もしかするとその周りのポジションに思わぬ2、3着馬も見つかるかもしれません。

勝ちポジシート（左回り用）

①勝ちポジを予想して
　◯で囲ってみよう

②出走各馬のポジションを
イメージしながら、
内枠の馬から順に
馬番を入れてみよう

③勝ち馬または
２、３着馬が、
その周りに浮かび
上がってくる

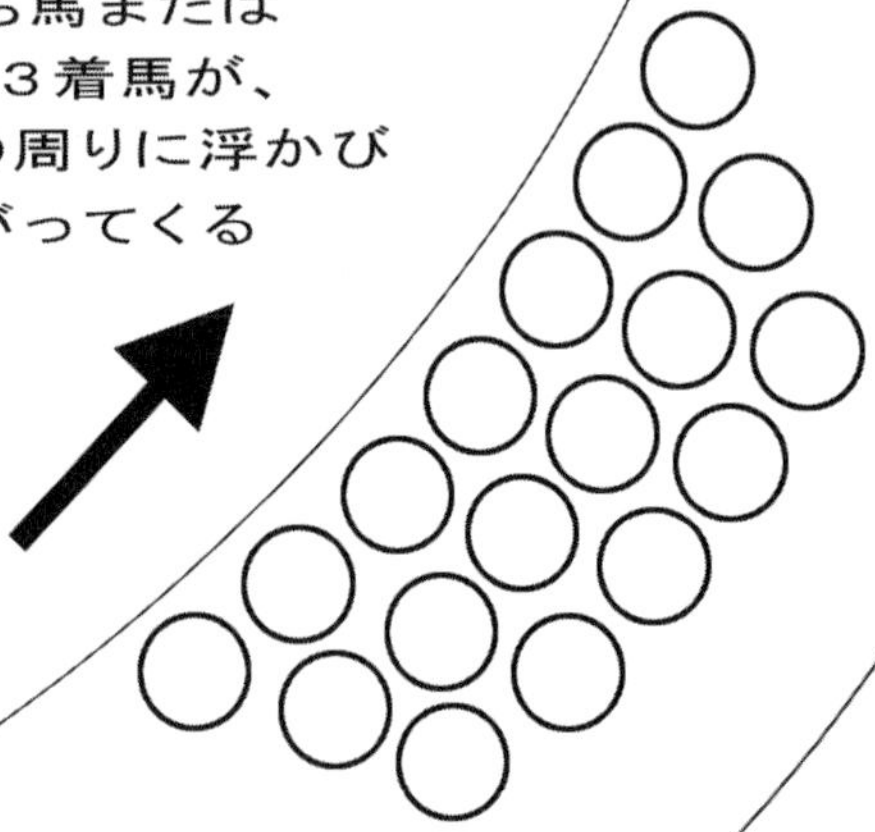

第１コーナー

※コピーしてお使い下さい

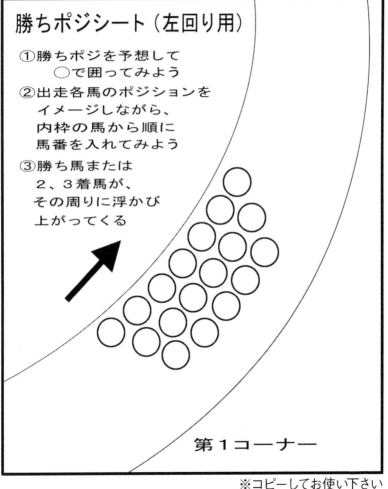

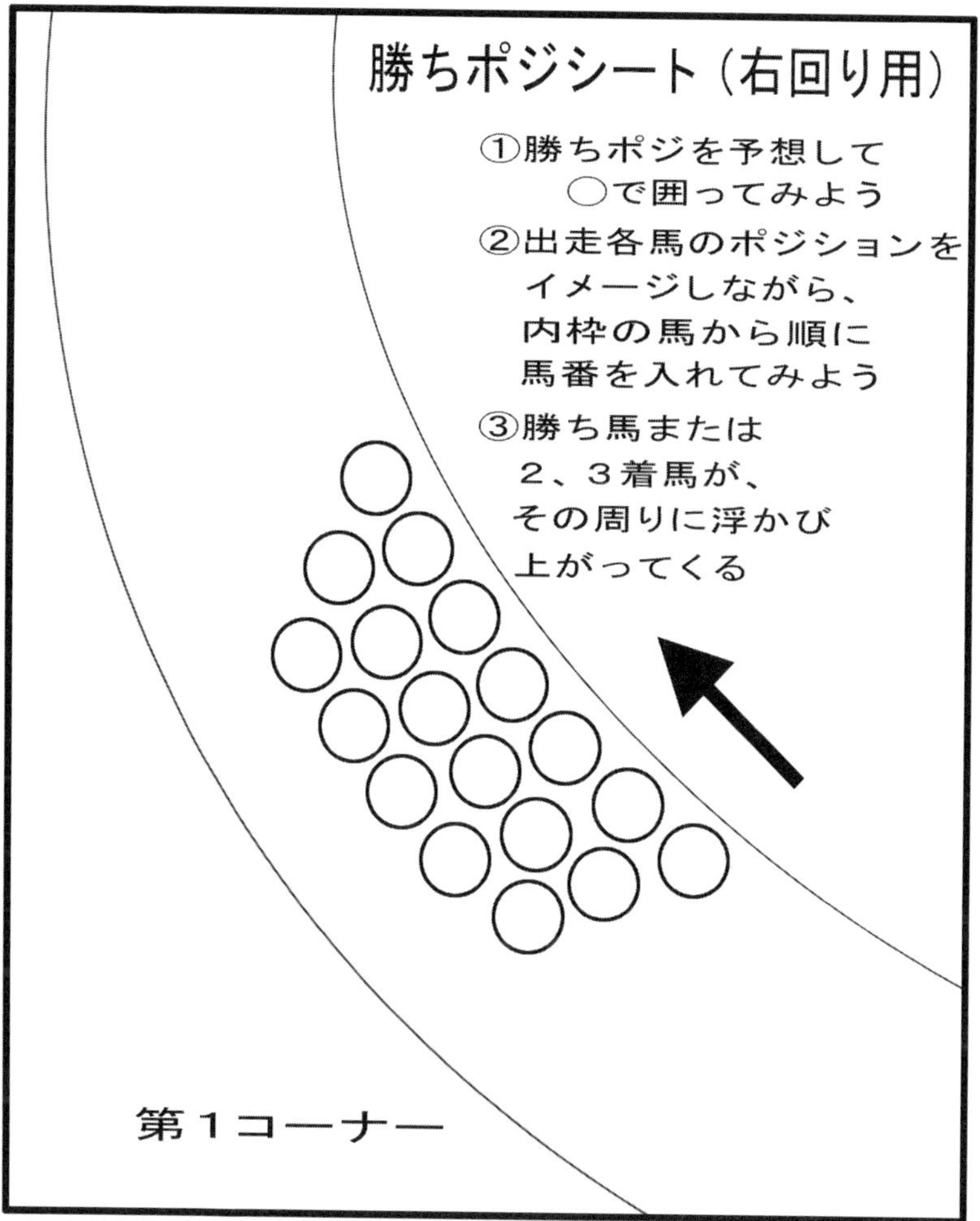
勝ちポジシート（右回り用）
①勝ちポジを予想して
◯で囲ってみよう
②出走各馬のポジションを
イメージしながら、
内枠の馬から順に
馬番を入れてみよう
③勝ち馬または
２、３着馬が、
その周りに浮かび
上がってくる
第１コーナー

※コピーしてお使い下さい

参考例：2020年日本ダービーの第１コーナー
（概ねのポジションです）
５番が勝ち馬コントレイル

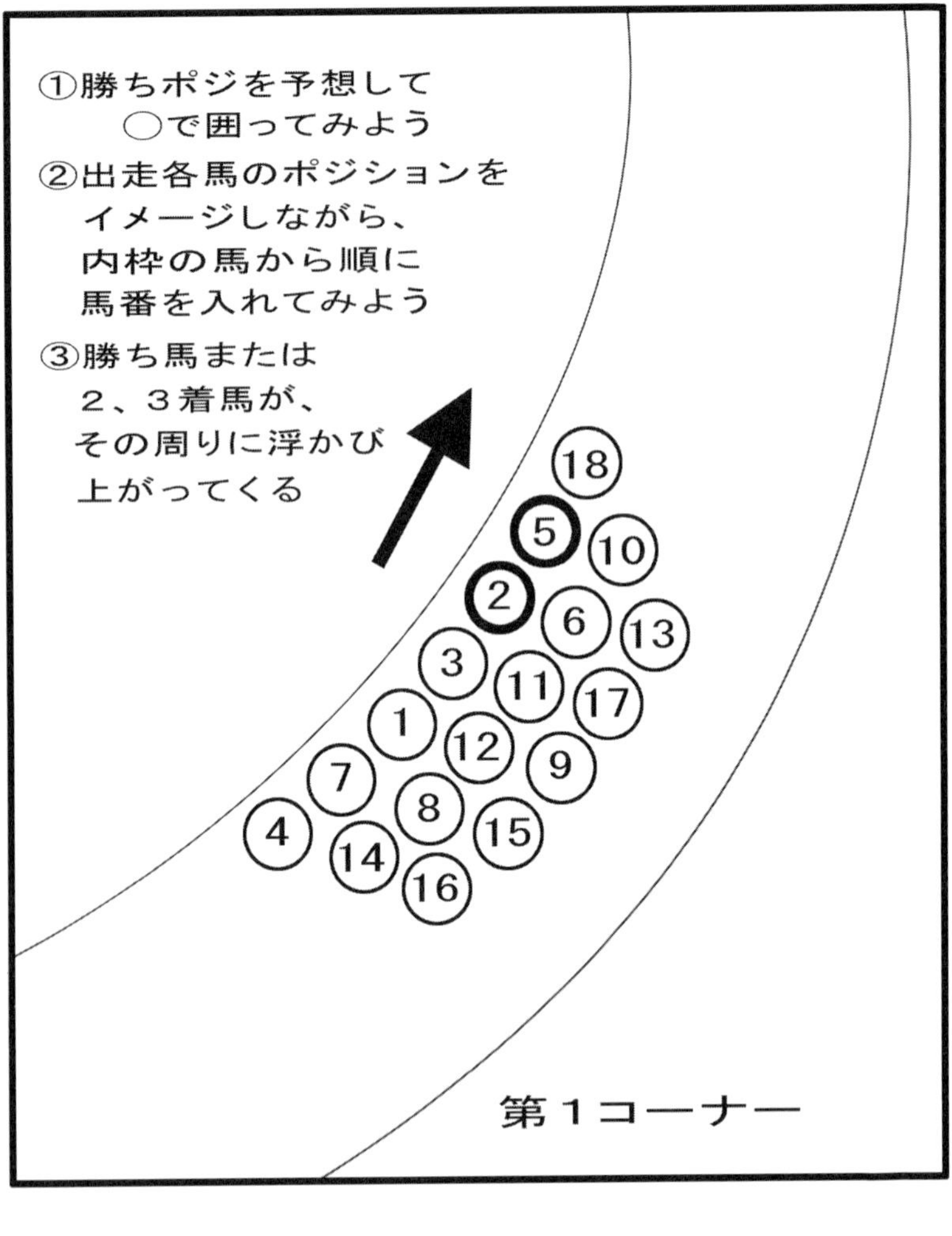
①勝ちポジを予想して
◯で囲ってみよう
②出走各馬のポジションを
イメージしながら、
内枠の馬から順に
馬番を入れてみよう
③勝ち馬または
２、３着馬が、
その周りに浮かび
上がってくる
18
5
10
2
6
13
3
11
17
1
12
9
7
8
15
4
14
16
第１コーナー

勝ちポジシート

馬券《ばけん》は語《かた》る
僕《ぼく》は君《きみ》たちに当たり馬券《ばけん》を配《くば》りたい

2021年1月10日 第1刷発行
●著者　治郎丸敬之《じろまるたかゆき》
●編集　競馬道 OnLine 編集部
●本書に関する問合せ
keibasupport@o-amuzio.co.jp
●DTP　いまえだ たつひろ
●カバーデザイン　androworks
●イラスト　pijons ※94、95ページ以外
本橋卓弥（フリークデザイン）※94、95ページ
●発行者　福島 智
●発行元　株式会社オーイズミ・アミュージオ
〒110-0015　東京都台東区東上野 1-8-6 妙高酒造ビル5F
●発売元　株式会社主婦の友社
〒141-0021　東京都品川区上大崎 3-1-1 目黒セントラルスクエア
電話：03-5280-7551
●印刷・製本　三松堂株式会社

Printed in Japan
ISBN　978-4-07-342137-5
■主婦の友社が発行する書籍・ムックのご注文は、お近くの書店か主婦の友社コールセンター
（電話 0120-916-892）まで。
＊お問い合わせ受付時間　月〜金（祝日を除く）9:30 〜 17:30
主婦の友社ホームページ　https://shufunotomo.co.jp/